LA

GRANDE-CHARTREUSE

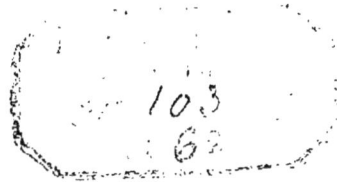

103
63

LA

GRANDE CHARTREUSE

OU

MA DERNIÈRE ÉTAPE

PAR

M. Amédée MARTEL.

AVIGNON

F. SEGUIN, IMPRIMEUR-LIBRAIRE
rue Bouquerie, 13.

1862

—

Amédée de Rizières à Madame la baronne de Blainvac.

Le silence, dites-vous, est la monnaie des sots ; je n'obtiendrai mon pardon qu'au prix d'une folle ballade, ou d'une romance tout de rose habillée.

Si c'est là votre dernier mot, Madame, je suis bien malheureux ; car, dussiez-vous me rayer du nombre de vos amis „ je ne me rachèterai pas.

Hier, j'ai donné congé à ces bohémiennes qu'on appelle muses, à ces fées malfaisantes qui appauvrissent et désespèrent tous ceux qui les servent et les honorent.

Le congé a été si formel, que le révoquer serait une faiblesse, une pauvreté que vous condamneriez plus tard.....

Des vers! mais il existe donc quelqu'un qui lit encore des vers, et ce phénomène, ce glorieux fossile, c'est vous, baronne de Blainvac!

Vous ne savez donc pas que les trois grandes puissances du siècle, l'épicerie, la banque, et la mode ont mis à l'index ces infirmités-là.

Vous ne soupçonnez pas, femme imprudente, que l'exhibition en plein bois de Boulogne d'un chapeau du Directoire, ou d'une robe de feue Madame de Cunégonde, vous couvrirait de moins de ridicule que la demande d'une pièce de vers.

Allons, rassurez-vous, ma chère dame; je n'en dirai rien à personne, vous me pardonnerez sans condition, et j'aurai toujours le droit de me dire

Le plus dévoué et le plus affectueux de tous vos serviteurs,

A. DE RIZIÈRES.

Amédée de Rizières à Charles Delaunoy, son cousin.

Si les préoccupations de l'âge mûr, les choses sérieuses de la vie, une absence de dix ans m'avaient effacé de votre souvenir,

Veuillez, je vous prie, consulter les archives du passé, exhumer du fond de vos tiroirs votre défroque de collégien.

Si cet uniforme déchiré, ce képi meurtri et déformé ne vous rappellent pas les glorieux coups de poing que nous avons donnés et reçus ensemble ;

Si ces bouquins où se prélassent nos initiales au-dessous de cette héroïque devise : *Qui touche à l'un blesse l'autre*, ne réveillent aucun écho dans votre âme, n'y font vibrer aucune corde,

C'est que votre cœur sera bien malade ;

C'est que j'aurai perdu ma dernière illusion.
Oui, Charles, pendant que votre ruche s'em-
plissait de miel; pendant qu'enfant gâté de la
vie, le plus brillant succès couronnait toutes
vos entreprises, moi, voyageur au pays des chimères, je poursuivais d'insaisissables fantômes,
je me heurtais à des moulins à vent, je gaspil-
lais mon or, je gâtais ma vie.....

Et aujourd'hui, qu'abandonné de ces fées
qui m'ont perdu, de ces blanches ailes qui ne
m'ont fait entrevoir le ciel que pour me rejeter
dans les bras de la réalité, que vaincu par la
souffrance, je cherche dans les brumes de mon
horizon le toit d'un ami, un asile, un phare.....
Charles, voudrez-vous de moi pour commis?

A. DE RIZIÈRES.

Marseille, 6 juin 1861.

Charles Delaunoy à Monsieur Amédée de Rizières.

Monsieur,

C'est avec un profond regret que je ne puis faire droit à votre demande. Mes bureaux sont au grand complet. Il ne m'est pas donné d'y improviser la plus petite place !... Si, plus tard, il survient une vacance, j'aviserai.

Agréez mes salutations,

CHARLES DELAUNOY.

———

La race de Gilbert serait-elle maudite,
La fortune à ses fils à jamais interdite ?
Faudra-t-il extirper sur le front de l'enfant

Le sceau révélateur, le signe triomphant ?
Pour le limon humain, n'avez-vous plus de flamme?
Seigneur ! dans le fourreau supprimez-vous la lame ?...

Alors, soyons égaux, alors ne mettez plus
De nimbe au front de ceux qu'on nomme vos élus ;
Ou pour ces parias pétrissant une manne,
Donnez-leur tout autant qu'aux passereaux, à l'âne,
Des chardons pour la faim, des plumes pour le froid,
Des frères à l'étable, et des nids sous le toit !!!

Amédée de Rizières à Madame de Blainvac.

Avez-vous pardonné, Madame, tout ce que ma lettre avait d'impoli et de blessant?

Avez-vous oublié que j'ai eu le courage d'opposer un refus à vos prières, des sarcasmes de mauvais goût à d'innocentes fantaisies que j'aurais dû être heureux de satisfaire?

Oh! de grâce, Madame, soyez indulgente, ne me déshéritez pas de cette affection qui est le seul bien qui me reste, le seul trésor que je n'aie point escompté.

Je suis si malheureux, il se passe en moi de si étranges choses!

Dans la même poitrine où rayonnent toutes les clartés, où fleurissent toutes les espérances, rampent de grossiers appétits, se traînent de honteuses défaillances;

A côté des plus nobles aspirations, des plus grandes hardiesses, se vautre le blasphème, gronde le désespoir.

Auprès des plus exquises délicatesses, éclatent des brutalités sans nom.

Vous, Madame, qui m'avez accueilli, la première, en ce monde, qui veillâtes si souvent au pied de mon berceau,

N'avez-vous rien vu, rien entendu?.... N'ai-je pas servi d'enjeu à une grande bataille, à un duel à mort entre les bons et les mauvais anges?

Satan a vaincu, n'est-ce pas? Je suis sa proie fatale, car j'ai le sentiment du bien, l'instinct du vrai, et je fais le mal; je vois le port et je sombre!

Quand vous lirez cette lettre, Madame, je serai loin de vous; je voguerai vers le Nouveau Monde où j'espère trouver la part de soleil que me refuse la France: implacable marâtre dont la main toujours fermée n'eut jamais pour moi ni présents ni caresses.

Permettez-moi d'offrir au chérubin que Dieu vous donna pour fille, le seul bijou que je tiens de ma mère, la modeste croix qui reçut son dernier regard, sa dernière étreinte.

Que Léontine la porte religieusement à son cou : les reliques des saints font grandir les enfants.....

A vous, Madame, je n'ai rien à offrir, pas même ma vie: elle ne m'appartient plus, elle est au désespoir.

Le soleil se couche dans des flots de pourpre et d'or ;

Les senteurs du rivage inondent ma cabine, les majestés du soir descendent sur la terre.

Que la nature est belle ! que mon ame est triste !

Adieu, ma mère, priez pour moi!

A. DE RIZIÈRES.

P. S. La muse que j'ai chassée comme une servante infidèle, m'accompagne; personne n'a voulu l'accueillir. J'en ai eu pitié..... pauvre muse! si elle savait où je la conduis.....

Au bord des grandes eaux.

Jéhovah ! Jéhovah ! les ombres de la terre
Envahissent le ciel : la nuit, partout la nuit.
L'enfant dans le berceau n'aperçoit plus sa mère,
Et de nos fronts éteints l'auréole s'enfuit.

Serons-nous confondus dans l'immense anathème,
Que ton bras va lancer sur ces sables maudits ?
Ah ! souviens-toi de nous dans ce moment suprême !
Ne livre pas au feu les fils du paradis.

Seigneur, au bord de l'eau, voilà ce que tes anges
Murmurent en lavant la souillure des fanges
Dont payent leur amour les effrontés païens,
Qui blasphèment ton nom en se disant chrétiens !

Et moi, sur ces brisants, sentinelle inconnue,
D'un Messie incertain j'attendrai la venue !

Alors que poésie, amour, tout est fauché ;
Que ton souffle, Baal, a tout flétri, séché,
Qu'Abel pleure ses fruits, le pré, ses marguerites,
L'ange, son paradis, le temple, ses lévites !

Non, non, je ne veux plus naviguer dans des eaux
Où le cœur est offert en pâture aux pourceaux :
Ma lèvre ne veut pas de la fétide lie
Que verse au naufragé le banquet de la vie :
Sacrilége festin, agapes des enfers,
Dont l'urne a des poisons, et l'azyme... des vers !

Je ne veux pas jeter ma pudeur à la claie ;
Simuler sur mon corps une insolente plaie.
A l'offre du centime et du morceau de pain,
Je préfère la soif, je préfère la faim.

Seigneur, vous le voyez, il est temps que je meure !
Allons, les grandes eaux, à vous, ma dernière heure !
. . . .
. . . .
Et l'homicide flot, et le gouffre béant,
Ouvraient au désespoir les portes du néant...

Marche ! dit une voix des hauteurs descendue ;
Sur l'abîme des cœurs, voix toujours suspendue.
Personne aux jours comptés en vain n'attentera.
Marche ! dans le désert ma main te guidera.
Sous le versant ombreux d'une roche géante,
Le grand Som, du désert sentinelle puissante,

Il est une oasis que Dieu, plein de bonté,
Plaça comme un sourire en ces lieux tourmentés.
Mystérieux jardin, halte des caravanes,
Que les grandes douleurs refoulent aux savanes...
Eden, qui n'a pas d'Ève, asiles parfumés,
Que gardent du Seigneur les anges bien-aimés.

Cet Eden, fils de Job, famille souffreteuse,
Eh ! vous le connaissez :... c'est la grande Chartreuse.
Le port du naufragé, l'étoile du banni...
Arrête ! dit la voix, ton voyage est fini.

CHEZ DOM JEAN-BAPTISTE

GÉNÉRAL DE L'ORDRE DES CHARTREUX.

Qui êtes-vous? mon fils !

— Une épave arrachée à la fureur des flots,
un blessé de la vie.

— Qui vous amène parmi nous ?

— Celui qui commande aux tempêtes, dont
la voix m'a dit hier au bord de l'eau:

Personne aux jours comptés en vain n'attentera,
Marche ! dans le désert, ma main te guidera.....

Que venez-vous chercher dans ces solitudes ?

— Ce que la bonté du Seigneur m'y garde, ce que vos prières peuvent y ajouter.

Soyez le bienvenu mon enfant , et que la bénédiction de Dieu et la mienne vous accompagnent dans votre cellule ! Allez , pauvre affligé, priez et espérez !

Salle des retraitants, cellule A.

Quel désert, quelle solitude !

Comme ma main tremblait en soulevant le marteau de cette porte hospitalière !

Quels graves échos réveillait dans ces vastes corridors le bruit de mes pas !.

Que cette chambre est froide, que mon âme est triste et découragée !

Une table, une chaise, un prie-dieu, pour tous meubles, une tombe pour lit.....

O mon Dieu! ne m'auriez-vous arraché aux mains du suicide que pour me livrer vivant aux ombres du cercueil, au martyre des longues agonies?....

Seigneur, soyez clément!

Seigneur, ayez pitié de moi!

𝔓𝔯𝔦𝔢𝔷!

Priez, m'avez-vous dit mon père!

La prière est la dîme que les enfants des hommes doivent payer au Seigneur.

C'est la myrrhe du cœur, l'éternel encens que brûlent aux pieds du trône, les anges et les saints.....

La prière, c'est le pardon, c'est la colombe de l'arche rapportant le rameau d'olivier.

Hélas! mon Dieu, semblable à la fleur desséchée dont la couronne n'a plus de beauté, le calice, de parfums, mon cœur flétri n'a plus d'offrandes à vous faire, mes lèvres oublieuses même de votre nom, n'ont plus d'hymnes à vous chanter.

Jours heureux de mon enfance, rendez-moi vos innocentes joies, vos chastes admirations!

Esprit saint, feu sacré, brisez, fondez la mer de glace sous laquelle mon âme captive se débat, mais en vain!!!

Ame radieuse de ma mère, quitte un instant
les cieux, viens m'apprendre pour la seconde
fois à épeler ces antiennes à la Vierge, qu'enfant, je bégayais à tes genoux !

Un soir, il m'en souvient, ton front était sévère, tes yeux étaient pleins de larmes, j'avais
été si méchant, tu m'appelas, et tu me dis :

Enfant, venez ici, venez que je vous gronde,
Plus près, — Maman le veut : approchez, tête blonde,
    Qui, pour rien, pour un fruit,
Sans le baiser du soir, sans la sainte prière
Qui d'un enfant chrétien doit clore la paupière,
    Avez passé la nuit !

Vous ne savez donc pas, que l'ange qui s'accoude
Au chevet des berceaux, de l'écolier qui boude
    Déserte le sommeil ;
Et que l'affreux démon, qui dans l'ombre préside,
Entre l'enfant et lui ne trouvant plus d'égide,
    Prolonge son éveil.

Vos songes n'ont pas eu des guirlandes de roses ;
Je lis sur votre front de lamentables choses ;
    Vous n'avez pas dormi...
Vos yeux, sous les rideaux, ont vu d'un autre monde
Les habitants muets, le tourbillon immonde,
    Que je vous plains, Mimi !

Vous pleurez, mon amour, ma parole vous touche,
Et deux fois sur ma main j'ai senti votre bouche :
      Oh ! venez sur mon cœur !
Pour vos fautes du jour, pour toutes vos détresses
Nous avons des pardons, d'ineffables tendresses :
      La bonté du Seigneur.

A genoux, mon enfant ! Si moi, je vous pardonne,
N'avez-vous pas au ciel une auguste patronne
      Qu'il faut fléchir aussi ?
      Ave, Marie !
      Reine chérie,
      Que ton front obscurci
      Par mes fautes s'éclaire.....
      Pardonne, bonne mère !
      Je demande merci.....

      Au cœur brisé qui pleure,
      Aux martyrs de la faim,
      O Vierge ! abrège l'heure,
      Partage tout mon pain !
      A l'écolier bien sage,
      Qui sans cris, sans tapage
      Se couche..... du roi Mage,
      Laisse-voir le trésor,
      Le Sauveur dans sa crèche,
      Et de son herbe fraîche,
      Les fleurs aux pistils d'or.

Assez, mon bambino ! cache ta blonde tête
      Dans ton gentil berceau :

La bonne fée Urgelle à t'endormir s'apprête,
　　Au bruit de son fuseau.

Va boire au paradis le nectar des Archanges,
　　Le lait du Chérubin;
Aux pieds de l'Éternel va porter mes louanges;
　　Bonsoir, mon Benjamin !!!

Espérez!

Espérez! argent faux, insoluble problème,
　　Qu'aux murs de Charenton,
En passant ont cloué, comme un fatal emblème,
　　Le Tasse et Chatterton!
　　　　　A. MARTEL.

Espérez! verbe fatal, qui frappe de mort l'insensé qui le conjugue;

Homicides syllabes dont chaque consonne est un poison, chaque voyelle une épine;

Fruit maudit de la mer morte, qui remplit de poussière et de vers la main qui le détache;

Infernale clarté, phare infidèle qui égare le voyageur et le précipite au fond des eaux dormantes;

Mirage impie qui ne fait luire aux yeux d'Ismaël les sources et les palmes de l'oasis, que pour l'ensevelir vivant dans une mer de sable.... Ordonnez-moi d'aimer, ordonnez-moi de souffrir, mon père ! j'obéirai ;... mais d'espérer en ces loups cruels qu'on nomme les hommes, jamais !!!... En Dieu, je n'ose !!!

L'Ange des cellules !

Seigneur ! prends pitié de cette âme souffrante, de ce pauvre égaré qui méconnut la grandeur de tes lois, la douceur de ton joug !

Qui mit sa force dans ses bras ;

Sa confiance dans les richesses de la terre ;

Son amour dans les enfants des hommes.

Comme un faible roseau, son bras s'est desséché au souffle de ta colère.

Richesses et honneurs, comme la paille du blé mûr, comme les feuilles d'automne, ont été balayés par l'orage, et n'ont laissé derrière eux que désolation et misère.

Les hommes ont faussé leurs serments, ont brisé ses affections, tué son amour.

Permets à tes anges d'achever ton œuvre de

2

miséricorde, de fermer ces plaies, de combler cet abîme!

Écoute, frère!

Quand le Seigneur ferma les portes du paradis terrestre sur celui qui l'avait offensé, quand il punit dans les générations futures la désobéissance des pères, qand il courba sur de stériles sillons l'homme qu'il avait tant aimé!

Il lui donna la prière pour soutien.

L'espérance, pour consolation....

Il fit un serment:

Je jure, dit-il, qu'aux temps marqués par ma sagesse, j'enverrai aux enfants de la terre une victime d'expiation qui rachètera le monde; un Sauveur qui brisera les liens de la mort, les portes de l'enfer.

L'homme ment.....

L'homme se parjure....

Dieu seul est saint, Dieu seul est grand, Dieu seul est fidèle à sa promesse, eût-elle engagé ce qu'il a de plus cher au ciel, le sang de son Fils...

Les temps annoncés par les prophètes arrivent. Dans une humble bourgade de la Judée, dans une étable ouverte à tous les vents, naît le

Fils de Dieu, l'agneau sans tache qui doit servir d'expiation aux iniquités du monde, de rachat aux captifs, de salut aux peuples de la terre.

Du sein de la création s'élèvent des cantiques d'amour ; du séjour des ténèbres, du royaume de Satan, montent des imprécations, jaillissent des blasphèmes...

Le Messie grandit en pratiquant toutes les vertus : les anciens et les docteurs de la loi s'inclinent devant la sagesse de ses réponses, devant la grandeur de ses enseignements.

A sa voix, les paralytiques se lèvent et emportent leurs lits, les muets parlent, les aveugles voient, les démons se dispersent, les morts ressuscitent..... et rendent un éclatant témoignage à sa toute-puissance.

Des populations entières s'attachent à ses pas, se suspendent à sa parole, le suivent sur la montagne, dans la plaine, au désert ; négligent pour l'entendre la plus impérieuse de toutes les nécessités de la vie, le soin de se nourrir....

Il y pourvoit, lui..... avec cinq pains et deux poissons, il rassasie cinq mille personnes.

Mais, que prêche-t-il donc ce nouvel apôtre ? de quel prestige s'entoure-t-il ? à quels enchantements a-t-il recours pour captiver ainsi les

turbulents échantillons des classes infimes des
bas-fonds de la Judée, les truands de l'époque ?

Il prêche l'égalité des races, l'affranchisse-
ment du serf. Sa doctrine est la négation com-
plète du droit de la force, la radiation des lois
draconiennes imposées au vaincu par le vain-
queur, le renversement des bastilles, l'effondre-
ment des piloris et des fourches caudines pour
toutes les misères de la vie, pour tout ce qui
pâtit et pleure; pour le conquis et l'opprimé il
a des consolations, des béatitudes.

Il a des colères pour toutes les hypocrisies,
des anathèmes pour toutes les injustices, d'aussi
haut qu'elles viennent.

Il glorifie le travail, il grandit le pauvre, il
émancipe la femme.

A ce meuble de fantaisie, à cette chose frap-
pée de vices redhibitoires, il assigne une belle
place au foyer domestique ; d'une impuissance
il fait une autorité ; d'une ilote, une compagne
libre et honorée ; il fonde l'ère des dévouements,
des héroïsmes, des grandes amours; il prépare
les voies aux François Régis, aux Saints Vin-
cents-de-Paul, aux Belzunces, aux Affres, à tous
les bienfaiteurs de l'humanité; il éclaire, il
rachète !!!

De quel culte, de quelles adorations le peuple ne doit-il pas entourer son prophète !

Il l'entoure de toutes les trahisons, de toutes les lâchetés dont il est coutumier.

Appelé à choisir entre un voleur de grand chemin et son divin Maître que les Pharisiens ont jeté meurtri et sanglant aux pieds d'un juge prévaricateur,

Ce peuple, éternel éditeur des plus monstrueuses ingratitudes, opte pour Barabbas le voleur.

Par les mains du bourreau son représentant, il dépouille son bienfaiteur de tous ses vêtements, soufflette sa joue, flagelle sa chair, couronne son front d'épines, cloue son corps à une croix, et là, ivre de sang et de blasphème, lui crie, les poings fermés :

Jésus de Nazareth, Roi des Juifs, si tu es le Fils de Dieu, descends de ton gibet, venge-toi !!!

Et Dieu, dans sa colère, n'a pas noyé dans un océan de soufre le globe qui portait ces monstres!

Non, le martyr n'a eu que des pardons ; sa bouche n'a proféré que des paroles de paix ; son cœur n'a contenu que des miséricordes.

Pardonnez-leur, mon Père! ils ne savent ce qu'ils font. Voilà sa réponse aux tourmenteurs ;....

Voilà les sublimes paroles qui vont clore son épopée, inaugurer la loi nouvelle.

A genoux, pauvre aveugle, qui a osé confondre Dieu avec sa créature!

A genoux, membre régénéré de la grande famille du Christ! Inspire-toi de ton passé, de tes souffrances, rappelle-toi l'amertume qu'ont laissée sur tes lèvres les fruits d'iniquité et de perdition!

Cache ton front meurtri dans le sein du plus miséricordieux des pères;

Et dis-lui du fond de ton âme: Mon Dieu, j'espère en vous!.......

Acte d'Espérance.

J'espère, ô mon Dieu! que par les mérites de Notre-Seigneur Jésus-Christ votre divin Fils, mort sur la croix pour le salut des hommes, vous me recevrez à merci....

J'espère, mon Dieu! que par les mérites de ce

Fils bien-aimé, vous m'arracherez aux serres du vautour qui déchirent mon cœur !

Que vous délivrerez ma chair du vêtement d'iniquités qui la souille et la consume ;

Que les rayons de votre grâce disperseront les ténèbres de ma nuit, que vous visiterez mon âme, que vous la sauverez !

J'espère tout cela, ô mon Dieu ! parce que vous l'avez promis au repentir, et que je pleure mes fautes.

J'espère tout cela, parce que vous, Seigneur, vous n'avez jamais failli à la parole donnée ; parce que seul vous êtes grand, seul vous êtes saint, et que vous ne pouvez tromper le cœur brisé qui vous cherche, la voix qui vous appelle......

Une éclaircie.

Mon iniquité n'a donc point lassé votre miséricorde, Créateur du ciel et de la terre !

Votre bonté serait-elle plus grande que votre justice ?

Le sommeil qui avait fui de ma couche, est revenu visiter mes paupières,

Les fantômes qui tourmentaient mes nuits ont suspendu mon supplice ;

Un sang nouveau circule dans mes veines ; des voix inconnues bruissent dans mon âme, d'étranges aspirations m'élèvent vers un monde lumineux, fixent mes regards sur d'étincelantes plages ; le désespoir s'éloigne......

Cette cellule qui m'est apparue si froide et si nue, me semble aujourdhui pleine d'air et de lumière ; de magnifiques bois étagent mon horizon ; de gigantesques rochers en couronnent les cimes.

Aux flancs de ces majestés je lis le nom de Jéhovah ; sur ces crêtes ardues, foyers de la tempête, aires des vents, j'entends les éclats de sa voix.

O ma prière ! seriez-vous montée jusqu'au trône de Celui qui sema toutes ces magnificences ?

Aux pieds de cette Vierge adorable que les anges nomment leur reine ; les blessés, leur providence ; les océans, leur étoile.....

Oh ! si la lèpre du péché n'avait laissé sur mes lèvres et dans mon cœur tant de souillure et de honte, comme je vous adorerais, Seigneur ! comme je vous invoquerais, comme je vous aimerais !!!....

Aux pieds du Christ.

Christ! je t'en supplie, écoute-moi.....

Un jour, tu dînais chez Simon le pharisien. Une femme l'ayant appris, vint avec un vase d'albâtre plein d'huile odorante, s'avança près de toi, se prosterna à tes pieds, les arrosa de ses larmes, les couvrit de ses parfums, les essuya avec les tresses de ses cheveux.

Cette femme s'appelait Marie Madeleine; c'était une grande pécheresse....

Tu abaissas sur elle ton plus doux regard, et tu lui dis:

Femme, vos péchés vous sont remis, parce que vous avez beaucoup aimé.

Moi, qui te rappelles ces choses, moi qui d'un soleil à l'autre ai plus semé d'iniquités que n'en commit Madeleine avant son pardon;

Je verse à tes pieds sacrés toutes les larmes de mon corps; je les couvre de mon repentir, je les essuye avec mes lèvres.

Christ! veux-tu me remettre mes fautes comme tu les remis à Madeleine?.....

A d'autres temps,

Les déshérités de Judas, pécheurs et publicains, avides d'entendre ta parole, entouraient et pressaient ta divine personne;

Les orgueilleux représentants d'une caste privilégiée, les pharisiens et les scribes murmurant entre eux, disaient :

Quel est cet homme qui se commet avec la canaille, qui converse et mange avec elle ?

Tu tournas vers eux ton doux regard, et tu leur présentas cette parabole :

Quel est le possesseur d'un troupeau de cent brebis qui venant à en perdre une seule, n'abandonne sur la montagne les quatre-vingt dix-neuf autres, pour chercher et sauver la centième, celle qui manque?

Et qui, l'ayant trouvée, ne la charge sur ses épaules, ne convoque serviteurs et amis, et ne leur dise :

Réjouissez-vous avec moi, j'ai retrouvé la brebis égarée, je l'ai ramenée au bercail !....

Adorable pasteur ! j'étais autrefois une des plus belles brebis de ton troupeau, lavée et purifiée dans les eaux du baptème ; ma toison était plus blanche que la neige, plus douce que la soie ; je mangeais dans tes mains le sel et le pain de la vie, je buvais aux sources les plus pures, je paissais l'herbe la plus tendre.,.

Un jour, jour maudit à jamais ! le vertige me saisit, le démon de l'orgueil s'empara de moi.

Je brisai ton joug, j'abjurai le plus clément des servages... Esclave infidèle, je gagnai les mornes.....

Tu sais, ô mon maître ! tout ce que j'ai souffert loin de toi ; à quelles sources impures j'ai bu ; à quelles steppes arides j'ai disputé une herbe amère !

Tu as compté les souffrances de mes jours, les épouvantes de mes nuits.

Et aujourd'hui que, souillée, maigre et mourante je t'appelle, je t'invoque,

Quitteras-tu, pour me chercher, les quatre-vingt dix-neuf compagnes que j'ai lâchement abandonnées, les âmes fidèles qui n'ont point méconnu ta loi, qui n'ont point déserté ton joug?

Me placeras-tu sur ta divine épaule, me ramèneras-tu au bercail?

Absous !

Sous mon pourpoint troué, dans mon humble besace,
La lampe d'Aladin a donc creusé sa place...
Votre pardon, mon Dieu! qui me fait votre enfant,
M'éclaire d'un rayon si fier, si triomphant,
Que les plus beaux rubis, les pierres les plus belles,
Sont pour moi des cailloux sans prix, sans étincelles;
Que je prends en pitié les choses d'ici-bas,
Et qu'un trône de roi ne me tenterait pas.....

Ainsi, fils de David, au creuset des souffrances,
Pour avoir dépouillé, coulé, lavé, fondu
La rouille du péché, ma lèpre et mes offenses;
Pour un aveu plaintif à vos pieds descendu,

Je pourrai m'enivrer de la douce ambroisie
    Qui ranime les morts !
Me nourrir de la chair qui dispense la vie;
    Manger le pain des forts !

Je pourrai contempler sur les marches du trône,
    Le vaillant Saint Michel!...
Unir mes doux *Ave*, radieuse Madone,
    A ceux de Gabriel !

Divins esprits, qui chantez dans mon âme,
    Suspendez votre essor !

Sylphes légers, qui ravivez ma flamme,
    Soufflez, soufflez encor !

Hôtes aimés du foyer domestique,
    Chantez, joyeux grillons !
Et vous aussi, donnez-moi la réplique,
    Habitants des sillons !

Ainsi que vous, demain j'aurai des ailes
    Et des reflets d'azur;
Mes pieds noyés dans des flots de dentelles,
    N'auront plus rien d'impur.....

Mozarts des bois, Rubinis de la terre,
    Fauvettes et ténors ;
De vos claviers montez la gamme entière ;
    Épuisez vos accords !

Chantez, chantez, que mon âme s'élance
    Aux tentes d'Israël,
Sur l'ouragan d'une cantate immense,
    D'un hymne universel !

Aux pieds de la Mère du Sauveur.

Toi que Jésus expirant nous légua pour mère,
toi que l'Église entoure de ses plus respectueux
hommages, toi que les plus beaux royaumes de

la chrétienté ont choisie pour patronne, Reine des cieux!

Daigne agréer les actions de grâce de l'infortuné pécheur que ta miraculeuse protection a sauvé de la mort!

Perdu sur la mer orageuse des passions, entraîné par les courants de ce monde perfide dont chaque promesse est un mensonge, chaque sourire une trahison, chaque caresse une larme, j'allais périr!

Viens à moi, hurlait la voix des abîmes: tu m'appartiens, mugissait la tempête, et devant mes yeux fermés par l'épouvante, s'agitaient de hideux fantômes, passaient d'horribles visions...

Dans cet instant suprême, l'ange qui veille sur les enfants des hommes, impuissant à me sauver, vint-il déposer à tes pieds ses mortelles tristesses, implorer pour moi ta divine assistance? Je l'ignore, ô ma Reine!

Mais, au moment où j'allais franchir le court espace qui me séparait du néant, au moment de sombrer,

J'aperçus à mes pieds, dans les fanges de l'ornière, une sainte épave, la moitié de ce glorieux vêtement que portent en ton honneur les enfants du Carmel.....

A sa vue, un monde de souvenirs s'ouvrit devant moi.

Je vis le paisible foyer où, chaque soir, ma bonne mère ouvrait un beau livre d'images, et sur ma tête perdue dans ses genoux égrenait les litanies de la Vierge.

Je revis l'humble chapelle où, filles et garçons, nous célébrions le mois des fleurs, nous t'invoquions, Marie, nous t'adressions nos plus jolis cantiques!

Je revis mon vieux curé aux yeux si doux, aux cheveux si blancs.

Je vous revis tous, jours heureux de mon enfance, jours de bonheur et de foi, et relevant le scapulaire, je m'écriai : Phare des naufragés, sauve-moi!

O prodige de miséricorde! puissance infinie de ce nom sacré!

Aussitôt l'étreinte du désespoir cessa, mes yeux se rouvrirent, les voix de l'abîme s'éloignèrent. Sur mon ciel si noir et si menaçant naguère, rayonnait une miraculeuse étoile... Le flambeau des mers, *Stella Maris !!!*

Dans les brumes de l'horizon étincelaient les cuivres des sept clochers de la Grande Chartreuse, j'étais sauvé!!!

Aux lueurs de cette merveilleuse étoile, de ces phares inespérés, je fis le serment, ô Marie, de me vouer à ton culte, de consacrer à t'aimer et à te servir cette vie que tu sauvais, ces jours que tu m'accordais.

Je viens, Mère de miséricorde, accomplir mon vœu, exécuter ma promesse.

Sur cette glorieuse livrée, dont va me parer le ministre des autels;

Sur ce vêtement sacré, ce talisman divin qui détourne le plomb, émousse les glaives, apaise les tempêtes ;

Je jure de ne fléchir désormais que devant Dieu et tes autels ces genoux qui se sont ployés devant Baal et toutes ses idoles.

Je jure de n'élever que vers Dieu, et que vers toi, ces mains que les hommes ont laissées vides, que Satan a remplies d'épines et d'afflictions.

Je jure de condamner à la poussière des Églises, au froid contact de la pierre et du marbre, ces lèvres qui ont bu à toutes les coupes d'iniquités, ces lèvres qu'ont souillées tous les poisons de la terre.

Et si jamais dans la fatale arène où combattent tes enfants, je chancelais ; si, pressé par

Satan, vaincu par ma faiblesse, j'allais me parjurer ;

Pour la seconde fois, sauve-moi, ma Mère!

Rappelle-moi que je t'appartiens, que du soldat infidèle au drapeau les épaulettes sont arrachées, les armes brisées, le nom déshonoré.....

Fais luire à mes yeux ta radieuse étoile; rive à mes doigts le glaive du combat; et si je tombe, que ce soit en chrétien, en enfant du Carmel,

Les mains en croix, les yeux au ciel!!!

Sauvé !

Comme aux champs attristés par un sombre nuage,
Un rayon de soleil fait oublier l'orage ;
Comme en des yeux d'enfant, sous d'éphémères pleurs,
Percent un doux souris, d'adorables lueurs ;

Ainsi, bonté de Dieu! du Charybde effrayant
Le calme avait comblé l'orifice béant ;
Sous un ciel azuré, les vagues murmurantes
Caressaient de leurs bords les touffes odorantes ;
Aux bras de Saint Bruno, comme un enfant bercé,
Le désespoir dormait... un mois était passé !...

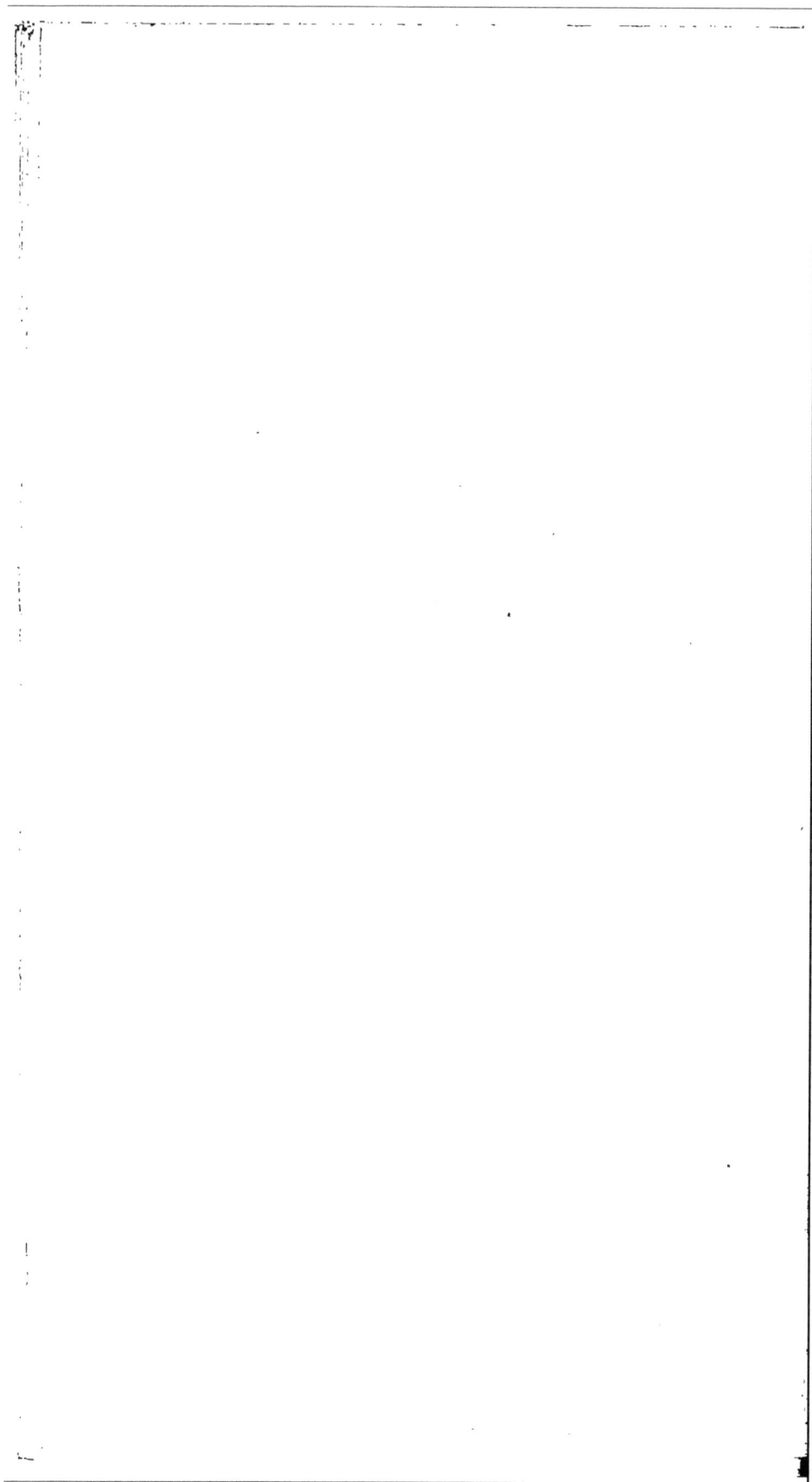

Madame de Blainvac à A. de Rizières.

Vous m'avez trompé : ce n'est point sur les bords de la Délaware, dans les steppes des montagnes rocheuses, ou dans les forêts vierges de la Louisiane que vos amis doivent aller vous chercher ;

Ils vous trouveront à quelques lieues de Grenoble, dans le couvent de la Grande Chartreuse.

Un Marseillais de votre connaissance vous a aperçu dimanche 8 septembre sur la porte du monastère.

S'il ne vous a pas salué d'un Bon jour, mon bon, s'il n'a pas cassé les vitres à votre incognito, c'est que la coupe de son paletot, l'élégance de sa personne ne lui permettaient pas de se compromettre avec une barbe de huit jours, une jaquette affollée, des pantalons d'un autre monde.....

Mais enfin, pourquoi me tromper, pourquoi me donner le change? Me prenez-vous pour un créancier? Mon amitié vous est-elle tellement à charge que vous vouliez la mettre à la porte comme une visite importune; placer entre elle et vous toute la largeur d'un océan?

Prenez-y garde! Amédée; l'affection est une chose si rare et si précieuse en ce monde, qu'il est prudent de n'y toucher qu'avec la plus grande réserve, de l'entourer de toute sorte d'égards.

Comme la sensitive, elle se refuse à de brusques contacts;

Comme les gazes du papillon, elle se détache et tombe sous de rudes atteintes....

Quoi qu'il en soit, votre lettre m'a fait beaucoup de mal, car malgré tout le soin que vous avez mis à me sevrer d'heureuses surprises et de bonnes nouvelles, jamais, confessez-le, vos tristesses n'ont atteint de pareilles limites, ne sont arrivées à la hauteur d'un pareil désespoir.

Léontine a pleuré; moi, j'ai eu peur.

Mais à quoi bon vous parler de moi et de mes souffrances? En avez-vous jamais eu le moindre souci, n'en fîtes-vous pas toujours litière?.....

J'espère bien, cependant, que vous daignerez

rompre, en ma faveur, le silence qu'observe l'Ordre auquel vous n'appartenez pas encore, et que vous me donnerez la clef de cette nouvelle incartade.

Votre amie quand même,

ANNE DE BLAINVAC.

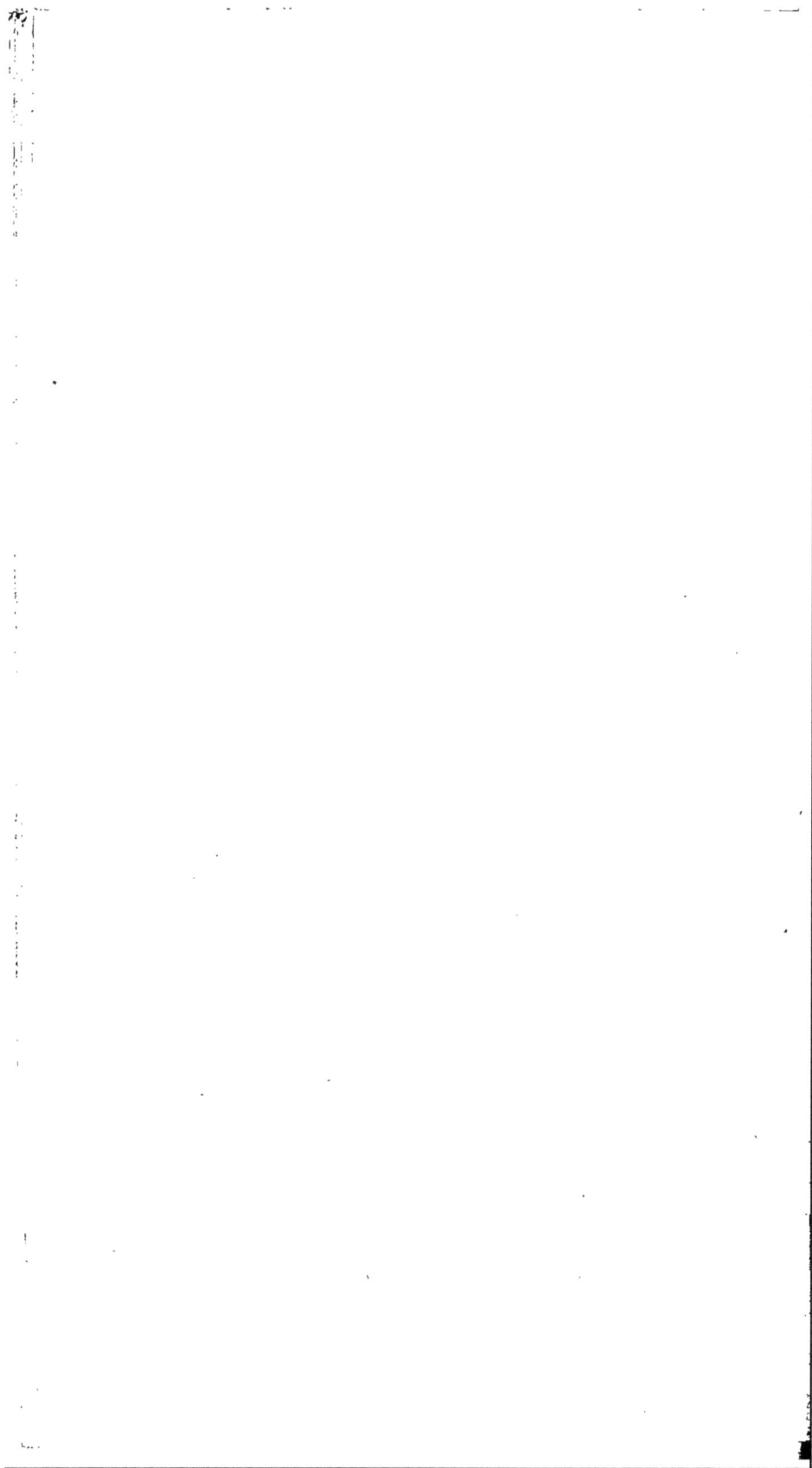

Amédée de Rizières à Madame de Blainvac.

Le journal que je vous envoie a reçu toutes mes confidences; il vous donnera les explications que vous demandez.

Vous verrez, Madame, que mes souffrances étaient au nombre de celles que Dieu seul peut guérir; qu'étaler ces plaies à vos yeux, désespérer de la seule amie qui me restait en lui montrant des cimes impossibles à gravir, des ravins inabordables, eût été une mauvaise action, une lâcheté!

Il est des natures prédestinées à souffrir, des existences fatales qui déteignent sur tout ce qui les approche, qui blessent et désolent tous les cœurs qui sont à elles :

Tel est mon lot, Madame; tel est le sort qui attend les personnes qui m'aiment.

Au reste, personne mieux que vous, Madame, ne sait ce qu'il en est; rappelez-vous les rudes épreuves auxquelles mon enfance a soumis votre affection, à quels sentiers douloureux j'ai lassé vos bontés, usé votre indulgence.....

Et reconnaissez bien haut que je suis tenu plus qu'un autre à veiller sur mes griffes, à rentrer mes piquants.

Fallait-il vous donner le coup de grâce, enchaîner une ombre maudite à vos souvenirs, troubler vos rêves, épouvanter vos nuits ?

Non, mieux valait vous tromper.....

Dieu qui tient dans sa main le cœur des hommes, qui mesure le vent à la brebis tondue, a eu pitié de moi.

Veuillez, Madame, joindre vos actions de grâce aux miennes, et oublier pour toujours dans quel affreux linceul j'ai voulu m'endormir.

Votre fils d'adoption,

A. DE RIZIÈRES.

Madame de Blainvac à Monsieur Amédée de Rizières.

Voilà comment on gâte sa vie,

Voilà où conduisent les faiblesses du cœur, l'oubli du devoir, les mirages de l'imagination.. ..

Enfant, vous avez pris le chemin des grands bois, vous avez suivi les méandres de la fantaisie, vous avez rêvé de lampes merveilleuses, d'îles enchantées, de génies, d'oiseaux bleus, que sais-je encore?

Vous avez fait l'école buissonnière avec un monde impossible.

Vous avez effeuillé votre printemps, gaspillé sa corbeille,.....

Plus tard, lorsque l'homme prépare les champs

3

de l'avenir, lorsqu'il s'arme du soc, lorsqu'il fouille la terre.....

Avez-vous mis les mains à l'œuvre, avez-vous labouré, avez-vous semé?

Non!

Vous avez extrait de votre part d'héritage tout ce qu'elle contenait de velours et de soie.

Dans ces précieuses, mais bien fragiles étoffes, vous avez taillé un vêtement de carnaval, un habit d'arlequin que vous avez promené dans toutes les kermesses, que vous avez usé à tous les buissons de rose.

Et aujourd'hui que la bise est venue, que le froid se fait sentir sous vos loques d'été;

Vous accusez, vous maudissez cette existence que vous traitâtes en courtisane, pour laquelle vous n'eûtes jamais ni respect ni déférence.....

Vous lui revendiquez des présents qu'elle ne vous doit pas, du vin que vous n'avez pas vendangé, du froment que vous n'avez pas semé.....

Depuis quand, je vous prie, l'étranger est-il appelé à partager l'héritage des enfants?

Sous quelle zone la cigale a-t-elle droit aux richesses de la fourmi?

Comme on fait son lit, on se couche, dit la Sagesse des nations.

Les hommes, mon cher Amédée, sont sans pitié pour les rêveurs et les fous; ils s'inclinent avec respect devant la parabole de l'Enfant prodigue, mais ils n'en pratiquent pas les enseignements.

Vous allez dire que moi aussi, je suis bien sévère.....

C'est qu'il est certaine catégorie de malades que le médecin n'aborde que le fer et le feu à la main.

Vous êtes de ce nombre, pauvre ami ! je veux fermer vos plaies.

Du drame que vous m'avez adressé, il ne reste plus rien, les flammes en ont fait justice.

Vous avez été un grand coupable devant Dieu et devant les hommes.

Le Seigneur, dites-vous, vous a fait miséricorde.

Au nom des hommes, je vous pardonne aussi !!!

P. S. Donnez-moi de longs détails sur la Chartreuse et ses habitants; ils serviront à édifier et à remplir nos soirées d'hiver. J'ai juré de ne plus ouvrir de romans, d'éloigner des lèvres de Léontine le poison qui vous a tué.....

A. DE BLAINVAC.

Amédée de Rizières à Madame de Blainvac.

J'ai reçu votre lettre en pleine poitrine, et tout en admettant avec vous qu'aux grands maux il faut de grands remèdes, permettez-moi de vous faire observer, Madame, que si vos malades ne sont pas dotés d'une constitution d'Auvergnat, vous aurez le triste privilége d'en tuer beaucoup plus que vous n'en sauverez.

Si jamais la vanité se glisse dans mon âme, si le démon de l'orgueil m'envoie au cerveau des fumées par trop enivrantes, j'aurai recours à vous, Madame, pour m'en débarrasser.....

Et si je succombe sous l'énergie du traitement, vous pourrez faire un second emprunt à la Sagesse des nations, et vous écrier avec elle :

Morte la bête, mort le venin !!!..

C'est avec bonheur que je souscris à votre demande, et que je prends l'engagement de vous
donner sur la Grande Chartreuse tous les détails
qui pourront vous intéresser.

On a beaucoup écrit sur ce couvent, mais à
mon sens, ses auteurs ont fait si large part à la
partie pittoresque et architecturale, qu'il n'est
plus resté de place pour les choses intimes, pour
les choses du cœur.

C'est surtout de ces pauvres délaissées, dont
je m'occuperai, persuadé qu'elles vous feront
le plus de plaisir, et qu'auprès de vous, elles
seront toujours en famille.

> Agréez, Madame,
> mes respectueux hommages.
>
> A. DE RIZIÈRES.

UNE RÉSURRECTION

ET

L'ORDRE DES CHARTREUX.

—

Une Résurrection.

La tradition a longtemps attribué la venue de Saint Bruno dans le désert de la grande Chartreuse, à une résurrection merveilleuse dont il fut témoin à Paris.

De savants théologiens ont longuement discuté le fait, ont écrit de bien gros volumes pour et contre.

Moi, qui suis un homme simple et peu let-
tré; moi, qui crois fermement que Celui qui
m'a donné la vie, peut me la retirer, et me la
rendre autant de fois qu'il lui plaira, sans que
ma raison ait le plus petit mot à dire, j'accepte
la tradition, et la soumets à vos pieuses appréciations.

Messieurs les esprits forts voudront bien se
rappeler que la légende est femme, et qu'à ce
titre elle a des droits à tous leurs égards, à
toute leur politesse.....

Vers la fin du onzième siècle, vivait à Paris,
un docteur entouré de l'estime générale, jouis-
sant d'une haute réputation de savoir et de sa-
pience.

Il se nommait Raymond Diocrès.

Jusqu'à sa mort, rien n'était venu démentir
la bonne opinion qu'on avait conçue de lui.

Ses funérailles devaient être dignes du rang
qu'il occupait parmi les illustrations de l'époque.

Son service funèbre se fit dans l'église mé-
tropolitaine de Notre-Dame, en présence de
toutes les gloires de la capitale.

On récitait l'Office des morts autour du cercueil. A ces paroles de Job : Dites-moi, Sei-

gneur, combien j'ai commis de péchés et de crimes, le cercueil s'agite, le cadavre qu'il enserre soulève sa froide tête, et murmure ces mots :

Je suis accusé par le juste jugement de Dieu.....

Les assistants, glacés d'effroi, s'enfuient, l'Office est suspendu, la cérémonie remise au lendemain.

Le lendemain, au même verset de Job, aux mêmes paroles, le même prodige a lieu, le cadavre s'écrie :

Je suis jugé par le juste jugement de Dieu.....

La cérémonie est de nouveau renvoyée au jour suivant.

Le troisième jour, bien avant l'heure de l'Office, la vaste nef de la métropole était envahie par une foule immense ;

La nouvelle du prodige successivement répété, avait circulé dans Paris ;

La curiosité et l'émotion avaient atteint des proportions inouïes.

Aux paroles de Job : Mon Dieu ! dis-moi combien j'ai commis de crimes et d'iniquités.....

Au milieu du plus profond silence,

Un hideux cadavre se soulève dans le cercueil , se dresse sur son séant , et d'une voix lamentable, avec un geste désespéré , formule cet aveu :

Je suis condamné par le juste jugement de Dieu !!!

Bruno , consterné , rentre chez lui , renonce au monde , à ses dignités , à ses gloires , et suivi de

Landouin , natif de Lucques ,

Étienne , natif de Bourg ,

Étienne , natif de Die ,

Hugues , le Chapelain ,

André et Guérin ,

Tous les six , ses amis et ses compagnons ,

Il vient se jeter aux pieds de Saint Hugues , évêque de Grenoble , et lui demande une retraite , une place dans les montagnes de son diocèse.

Saint Hugues , qui peu de jours avant avait vu en songe sept radieuses étoiles venant à lui dans le désert de la grande Chartreuse, trouve dans la demande de Saint Bruno l'explication

du songe, embrasse ses hôtes, et les conduit
au lieu même où s'élève aujourd'hui la Chapelle
dédiée à Saint Bruno.

Ceci se passait en 1084, sous le pontificat
d'Urbain II.

L'Ordre des Chartreux.

Cet Ordre comptait avant la Révolution de
quatre-vingt-neuf, près de trois cents établisse-
ments en Europe ; il n'en compte plus aujour-
d'hui qu'une trentaine.

La Maison-mère est là où se trouve le berceau
de l'Ordre, à quelques lieues de Grenoble, dans
le désert de la grande Chartreuse. Le Révérend
Père Général de cette maison est le chef de
toutes les autres, l'autorité suprême devant
laquelle s'inclinent avec respect les enfants de
Saint Bruno.

Le nombre des religieux du monastère de la
grande Chartreuse, s'élève à quarante-un-Pères,
y compris cinq Novices ;

A vingt-sept Frères Convers ou Donnés.

Le personnel laïque de l'établissement se compose de quatre-vingt-dix à cent domestiques, artisans, et journaliers, et peut suffire à tous les besoins de la Communauté, même à la construction d'un édifice.

Les Chartreux, en prenant l'habit de l'Ordre, prononcent les vœux suivants :

Pauvreté,

Chasteté,

Obédience,

Solitude,

Silence,

Cilice,

Abstinence des chairs.

Ils ne sortent de leur retraite qu'aux jours qu'ils appellent *spatiament*, une fois par semaine ; ils reviennent pour vêpres à deux heures et demie, et dans ces promenades ils ne peuvent manger chez aucun particulier..... Il est permis de s'entretenir dans le petit cloître après none, aux fêtes du Chapitre ; c'est le colloque. — Les Chartreux n'ont point de vacances, ils ne font pas usage de linge ; ils ont la tête et le menton rasés, et portent toute l'année une tunique de laine blanche recouverte d'une

cucule à capuchon de la même étoffe et de la
même nuance.

A part la fatigue et la pâleur qu'impriment
sur leurs figures la vie contemplative, et les
rudes mortifications auxquelles ils s'adonnent,
ces religieux jouissent généralement d'une excel-
lente santé. Chez eux la vieillesse est exempte
d'infirmités et porte vaillamment ses charges et
ses années : le plus âgé des solitaires de la
Grande Chartreuse est le Père Pacôme ; il a
quatre-vingt-cinq ans; le général en a soixante-
cinq.

Au reste, ils font à la maladie et aux indisposi-
tions qui les visitent, l'accueil qu'on fait à un
chien dans un jeu de quilles; ils les reçoivent à
coups de martinets. Je conseillais un jour à mon
directeur qui logeait une sciatique aiguë , un
remède qu'autrefois j'avais expérimenté avec
fruit.....

Bah ! me dit-il, nous n'avons pas la chair si
tendre, nous autres. Je n'ai pas le temps de
m'occuper de ces niaiseries.

(Historique.)

Les Cellules.

Comme ces religieux passent une grande partie de la journée dans leurs cellules, ils ont tous comme délassement un petit jardin à cultiver. Leur demeure est composée de trois petites pièces, dont une chambre à coucher, une bibliothèque et une salle pour leur établi ou travail des mains; chaque cellule a sa cheminée, chaque bûcher est pourvu du bois nécessaire.

Les lits sont en forme de coffre et ne consistent que dans une paillasse sans matelas, avec des draps de serge.

Les Chartreux, qui ont pour les membres de l'Église souffrante toutes les sollicitudes et les tendresses d'une mère, n'ont pas d'infirmerie pour eux; ils souffrent et meurent sur leurs grabats assistés de leurs Frères, consolés par leurs anges, soutenus par les saints, couronnés par leur Dieu,

Hauts et bas comiques de la scène du monde, Cagliostros et pîtres qui chaque jour, du haut de vos chaires, de vos échasses et tréteaux, jetez en pâture ces humbles de cœur, ces déshérités, aux bêtes du cirque, aux esprits forts du siècle ; s'il vous était permis d'assister aux derniers moments de ces immolés, s'il vous était donné de sonder tout ce qu'il y a d'espérance, de bonheur et d'ivresse dans ce regard suprême qu'envahissent déjà les ombres de la mort !

Comme le repentir se glisserait sous vos masques ; comme prosternés, au chevet de ces sages, vous feriez amende honorable ; comme vous demanderiez grâce !.....

A ce maître implacable à qui vous vendîtes un jour votre corps et votre âme, à ce public dont chaque sourire cache une colère, chaque caresse une chute, un oubli, chaque applaudissement une sentence de mort, un ostracisme. Vous jetteriez en pleine figures cothurnes et chaussons, masques et contrats, pourpres et pamphiles, vous diriez : C'est assez, le pacte est rompu, maître !

Que d'autres, orgueilleux César ! te saluent avant de mourir, nous, affranchis du Christ, nous, les enfants de Dieu, nous brisons tes colliers, nous quittons tes palus et tes fanges pour monter au Calvaire, pour vivre en chrétiens, pour mourir en Chartreux !!!

Des Novices.

Pour être admis au noviciat, il faut avoir subi comme postulant une épreuve d'un mois au moins, être âgé de vingt ans, célibataire, avoir fait ses études de latin, philosophie comprise.

Au terme de deux ans, si les supérieurs ont reconnu chez le sujet une vocation réelle, des dispositions sérieuses à l'état monastique, il est admis à faire sa profession, à prononcer des vœux à la messe conventuelle d'un jour de fête.

Les statuts de l'Ordre défendent expressément d'exiger du profès la moindre rétribution, dotation ou avance.

Des Frères.

On appelle ainsi frères pour les distinguer des religieux de chœur désignés sous le nom de pères, les laïques qui ont toujours été reçus dans l'Ordre pour y vaquer aux travaux extérieurs.

Ces frères se divisent en deux catégories: les donnés, et les convers.

Le frère donné n'étant lié par aucun vœu peut se retirer quand bon lui semble, et *vice versa* être congédié pour de justes raisons; il porte pendant la semaine une robe brune qu'il remplace les dimanches et les jours de fête par la robe et la cucule blanche.

Le frère convers qui a subi un noviciat de neuf ans comme frère donné, et qui a émis les vœux de religion, porte l'habit blanc en tous temps, suit les offices, pratique les abstinences, laisse croître sa barbe, a la tête rasée.

Le touriste et l'observateur admirent parmi ces derniers quelques belles têtes, une entre autres appartenant à un vieux soldat de Sambre-et-Meuse, auquel, tout moine qu'il est aujourd'hui, il serait fort peu prudent de faire une mauvaise querelle.....

Envoyé en mission dans une Chartreuse du nord, l'ex-grognard s'était installé sur une banquette d'impériale, où tout à Dieu, il lisait ses offices, et faisait ses dévotions.

Un voyageur de commerce, perché près du Chartreux, se laissait aller à l'adresse de ce dernier à un dévergondage de momeries et d'insolences qui divertissait fort le personnel des hautes régions de la machine roulante.

A bout de patience, et blessé dans sa dignité, le soldat se redresse de toute sa hauteur, caresse lentement sa blanche moustache, et fixant sur l'insulteur ce terrible regard qui faisait baisser la paupière au Russe et à l'Autrichien :

Apprends, jeune muffle, lui dit-il, que j'ai cassé la gueule à de plus malins que toi.

Épouvanté, ahuri, l'apprenti Gaudissart vide le siége, et va cacher sa déconvenue dans les solitudes de la rotonde.

(*Historique*).

Des Officiers.

Les Officiers de l'Ordre sont les religieux qui sont soumis à certaines obédiences, et que la nature de leurs fonctions met constamment en rapport avec le voyageur dont ils deviennent les pourvoyeurs, les anges gardiens, la Providence.

L'exercice continuel d'une inaltérable patience, la pratique incessante de toutes les charités, de tous les dévouements, fournissent à ces dignitaires de précieuses occasions de salut, des gerbes d'indulgences.....

Le plus affairé de tous ces bons pères est bien sans contredit le Père hôtelier ou coadjuteur.

Impossible à un chef de maison de faire avec plus d'urbanité et de tact les honneurs de chez lui que ne le fait dom Pascal.....

Qu'il daigne agréer l'expression de toute ma reconnaissance pour la cordiale et gracieuse hospitalité que je reçois depuis un mois au banquet d'Aquitaine, et qu'il se souvienne que j'aurai toujours à cœur d'être classé parmi ses plus fidèles et plus dévoués serviteurs.

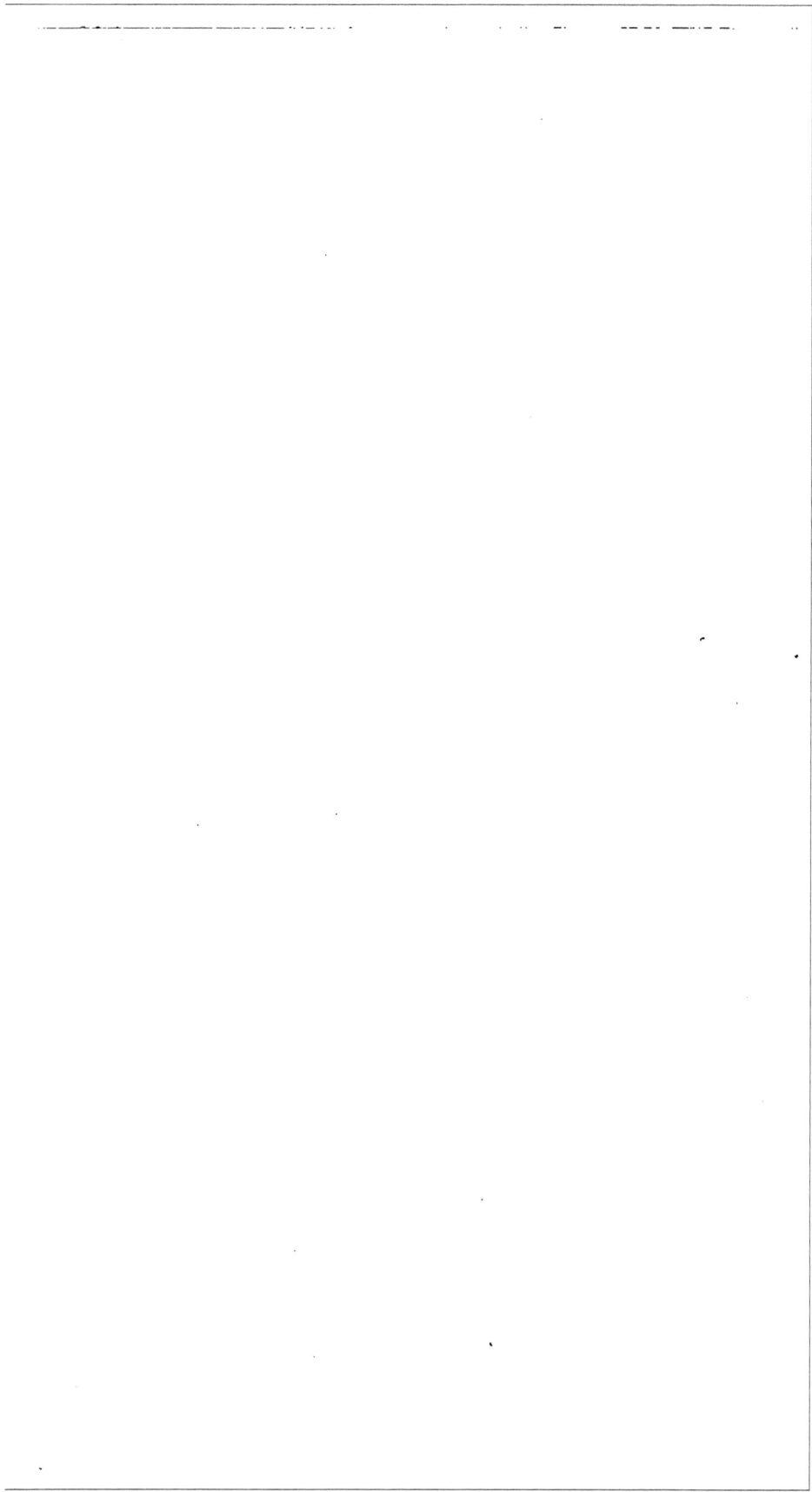

A Madame de Blainvac.

Si mon sujet a su vous intéresser, Madame,
s'il vous plaît d'en poursuivre l'étude, veuillez
m'accompagner dans les excursions que je vais
entreprendre aux environs du couvent. Je vous
en ferai connaître les principales annexes, à la
condition, toutefois, que j'adopterai l'itinéraire
et l'heure qui me conviendront. La sagesse des
nations que vous cultivez avec tant de bonheur,
a dit, Madame :

A qui sait attendre, tout vient à point.

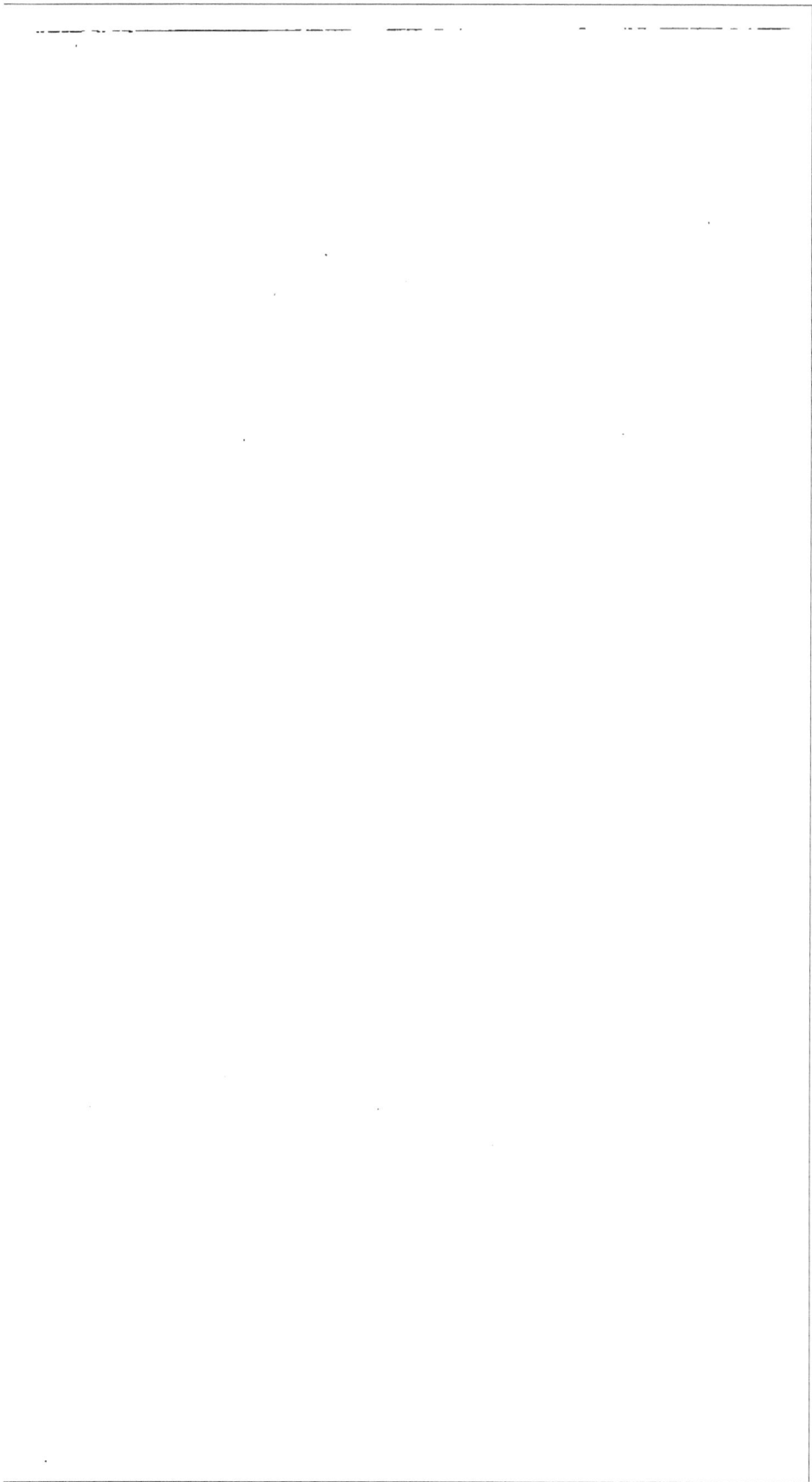

Que le Seigneur est grand !

Vous ne sauriez croire, Madame, combien la nature au milieu de laquelle je vis depuis un mois, est belle et grandiose ; de quelle majesté s'environnent ces solitudes, de quel recueillement vous pénètrent ces bois dont le silence n'est troublé que par le glapissement du renard, le cri sinistre de l'orfraie, et des oiseaux à grand vol.

J'ai traversé les solitudes africaines, mes yeux se sont perdus dans les vapeurs d'un vaste horizon ; le désert m'a fait les honneurs de toutes ses angoisses, de toutes ses pompes : ses antres, ses repaires, m'ont jeté leurs menaces, leurs rugissements.

Vanité !

Mon âme est restée sans admiration ;

Mon cœur n'a battu que d'effroi !

Dans les sierras espagnoles, j'ai mêlé de joyeux refrains aux cantilènes des muletiers ;

J'ai donné mes maravédis au sombre gitano, mes cigares aux bacheliers de Salamanque, mes douros à tous les nobles bandits qui m'ont fait l'honneur de les demander.

Vanité !

Mes lèvres n'ont eu que des sourires !

Dans les montagnes arides de la Magne, là où florissait jadis l'illustre Lacédémone, j'ai fait le coup de fusil avec le Clephte et l'Albanais.....

J'ai vu, sur la tombe des rois, errer de maigres troupeaux conduits par des brigands plus maigres encore.

Vanité !

Ma bouche n'a formulé que des imprécations,

Mon cœur m'a contenu que des colères.....

D'où vient, Seigneur ! qu'aux sommets de ces pics, sur ces rampes sauvages, je plie sous le poids de mon néant, j'élève vers vous des mains suppliantes, des yeux remplis de larmes ?.....

D'où vient, que dans ces futaies si sombres, dans ces prairies émaillées de tant de fleurs, je n'ai d'adorations que pour vous, je n'entends que votre voix ?.....

Serait-ce que chaque pointe de ces rochers a été sanctifiée par la présence de vos saints, que chacun de ces arbres séculaires a servi d'autel à leurs extases, que l'eau du torrent a mêlé ses colères à leurs cantiques, que chaque mousse, chaque fleur ont gardé les parfums de leurs soupirs, de leur amour ?

Pourquoi, mon âme, avez-vous préféré la nuit à la lumière, les vêtements de deuil à la robe éclatante de l'époux, le faisceau d'épines à la branche odorante ?

Que n'ai-je connu plus tôt, mon Dieu ! la douceur de votre joug, la beauté de vos temples !

Docile à vos inspirations, fidèle à vos commandements, je serais entré le front haut dans les sentiers que vous m'aviez tracés ; j'aurais abrité ma faiblesse sous votre main puissante ; à mes défaillances j'aurais opposé vos grâces, à mes chutes

Vos sacrements.....

4

J'aurais rempli ma tâche, accompli mon œuvre, et ma vieillesse honorée attendrait sans terreur, aujourd'hui, l'heure des adieux à la terre, l'ordre du départ!!!

Une belle matinée !!!

Un joyeux rayon du soleil frappe aux châssis de ma cellule.

Entrez, beau visiteur !

Jamais corbeille de noces, cachemires et dentelles, n'auront reçu de fiancées plus doux accueil que celui qui vous attend chez moi.

Pour les enfants du midi, le soleil, c'est la vie !

Salut, blond émigrant de ma terre natale, m'apportez-vous quelque souvenir, un message, un adieu ?.....

Rien ! n'est-ce pas ? rien ! Les amis font comme les hirondelles, ils émigrent aux approches de l'hiver ; aux premiers froids, ils s'envolent.

Je suis seul sur la terre, je marche dan la

vie, comme Agar, dans le désert; aucune voix amie ne chante à mon oreille, aucune main ne presse la mienne; personne ne suivra mes pas, le simoun en a comblé la trace.

Et que me font es hommes, que m'importent leurs dédains, leur oubli ?

Celui qui n'émigre pas, cet œil puissant sans cesse ouvert, ne veille-t-il pas sur moi ?

Chaque pierre qui blesse mes pieds, chaque chute que je fais, n'est-elle pas une espérance, chaque croix qui marque mon passage, une promesse?

Derrière vos horizons de feu, en delà de vos mers de sable, savanes désolées, fleurit une oasis, s'élève un palais, la demeure de mon père.

Plus ma route aura été ardue, mes sentiers difficiles, plus la soif et la faim m'auront causé d'épreintes, plus mon calice aura contenu de lie, mieux je me reposerai, mieux je me désaltérerai, mieux je me rassasierai.

Hurlez, démons, étincelez, mirages! votre maître m'attend ; qui de vous pourra m'arrêter?.....

Les sapins du grand Som baignent leurs noires chevelures dans des flots de lumière;

Le peuple des prairies s'agite et bourdonne.....

Dans l'ombre des fayards, le merle siffle, le geai se fâche,

Tout chante dans la forêt,

Tout chante dans mon âme.....

Allons, mon vieux bâton de houx, une visite à la Chapelle de Saint Bruno !.....

La Chapelle de Saint Bruno.

Du fond de cette gorge sans issue qui s'ouvre devant vous, n'entendez-vous pas monter les murmures de l'eau, les voix de la source?.... Ces harmonies mille fois plus douces à l'oreille du voyageur, que ne l'est à celle de l'enfant la mélopée des berceuses;

C'est la fontaine de Saint Bruno, la fontaine providentielle dont le gentleman altéré apprécie la fraîcheur, mais que le croyant salue comme Israël salua dans le désert la source que fit jaillir la verge de Moïse.

Tout à côté sur ce roc qui surplombe, voyez-vous ce blanc édifice, les pieds chaussés d'une balustrade en fer, le front étoilé d'une croix?

C'est la chapelle de Saint Bruno.

C'est dans ce lieu même, que Saint Hugues évêque de Grenoble, conduisit en 1084 Saint Bruno de Cologne et ses compagnons, premiers Pères de ce désert, fondateurs de l'Ordre qui porte pour emblème un globe surmonté d'une croix aux sept étoiles, avec cette devise:

STAT CRUX DUM VOLVITUR ORBIS.

C'est là que les pieux solitaires se construisi-rent des cabanes de bois et de branchages, et disposèrent un oratoire auprès de la hutte du noble écolâtre de Reims, leur chef.

Autour de la chapelle, gisent d'énormes quartiers de roche, déracinés et roulés dans l'abîme par les convulsions du globe.

Ces titans foudroyés cachent leurs blessures sous des tapis de mousse et de lichen, abritent dans leurs flancs les puissantes racines des pins qui les couvrent de leurs ombrelles.

Parmi eux, il en est un qui porte des em-preintes que la légende et la piété de certains ciceroni attribuent au contact incessant des ge-noux et des coudes du saint.

Malgré tout le plaisir que j'aurais de souscrire à cette assertion, je ne puis voir dans ces em-preintes que la trace des eaux , et le ravage des ans.....

Mais, qui ose envahir cette solitude, peupler ces forêts ? D'où viennent ces rumeurs, ces bruits, ces voix tumultueuses ?

La terre n'est-elle plus assez grande pour contenir ses enfants ? N'a-t-elle plus d'asiles inviolables ?

Le livre des proscriptions est-il encore ouvert ?

Sylla est-il à Rome ?

Non, c'est une caravane de touristes, une armée de pèlerins.

Prêtres et vieillards , femmes et enfants, maîtres et valets,....

Viennent s'incliner au seuil d'une humble chapelle ; viennent courber leur front au pied de l'image grossière d'un enfant du désert.

O gloire impérissable !

Droits imprescriptibles du Seigneur,

Rayonnement des Saints !

Que sont auprès de vous le luxe de Balthazar, la majesté des rois, leurs monuments, leurs pyramides ?

J'ai vu le cèdre altier élever jusques aux nues son orgueilleuse tête, je n'ai fait que passer, il n'était plus.....

Aux marbres mutilés du Parthénon d'Athènes, j'ai demandé un souvenir des grands hommes de la Grèce.

L'ilote qui garde ces ruines ne m'a pas compris; le malheureux a oublié jusqu'à la langue de ses pères !

J'ai vu les caveaux de Saint Denis, les tombes de l'Escurial, les cryptes de Supergua où reposent les dépouilles des princes de Savoie :

Et dans ces fastueuses hôtelleries de la mort, je n'ai trouvé que la mort elle-même ; dans ces urnes précieuses, sous ces marbres et ces plombs, je n'ai vu que corruption et poussière!!!

O croix triomphante !

Tandis que la mort roule et disperse philosophes, législateurs et conquérants ;

Tandis que l'indifférence et l'oubli foulent d'un pied dédaigneux ces gloires impuissantes, des autels s'élèvent sur l'humble pierre où dorment tes enfants; les peuples viennent y déposer leurs hommages;

Le pauvre, ses tristesses ;

Le riche, ses ennuis.....

Tout croule, tout passe sur cette terre; toi, seule, croix adorable, tu survis aux générations, toi seule tu défies les orages.

STAT CRUX DUM VOLVITUR ORBIS !

Notre-Dame de Casalibus.

Sur la même ligne, et à quelques pas de là, apparaît la chapelle de Notre-Dame de Casalibus, patronne des cabanes et des solitaires.

Cette chapelle, restaurée bien souvent, occupe l'emplacement de l'ancienne église, fondée par Saint Hugues, en l'honneur de la Sainte Vierge et de Saint Jean Baptiste.

Le style en est simple, et l'ornementation de bon goût.

Sur de sombres cartouches, sont inscrits en lettres d'or les versets des Litanies de la Vierge; son chiffre rayonne dans chaque arabesque du plafond, sa statue est au-dessus de l'autel, son nom sur toutes les lèvres, son culte dans tous les cœurs.

Aux flancs de l'autel, dans un modeste *ex-voto*, contenant des épaulettes d'officiers, on lit :

Offertes sur l'autel de la Chapelle par un capitaine du génie de l'armée française, en exécution d'un vœu formé sous les murs de Sébastopol, le 30 octobre 1854.

Et sur le mur en face sont tracés au crayon ces mots :

Souvenez-vous, Reine des cieux, que deux petits enfants âgés l'un de six ans, l'autre de huit, ont été aujourd'hui consacrés à votre culte, voués à vos autels ! Daignez, consolatrice des affligés, avoir cette offrande pour agréable, et couvrir de votre puissante protection les êtres faibles qu'une mère vous confie.....

Deux pages inédites appartenant, l'une, au livre des miraculeux sauvetages, l'autre, au martyrologe des mères :

Deux drames inconnus, dont l'un a eu ses péripéties au fond d'une tranchée, et l'autre, au lit de mort de toute une famille.....

Un soldat qui se souvient !

Une Niobé qui a peur !

C'est de l'enceinte de cette Chapelle que, pendant tant d'années, sont montés au ciel, la fumée de tant de sacrifices, l'encens de si ferventes prières, les adorations et les soupirs de ces chastes poitrines où ton regard, ô Marie ! descendait comme la perle dans son écrin, la rosée sur la fleur, le vin dans le calice.

Ouvre à mon repentir, refuge des pécheurs ! l'épargne de ces glorieux pardons qu'ont grossis pendant tant de siècles, les austérités de tes saints, les mérites de tes serviteurs.....

Mets dans mon cœur les vertus que tu préfères;.....

Sur mes lèvres, l'hymne qui arrive le mieux jusqu'à toi.....

Fais-moi pur, fais-moi chaste ;

Monstra te esse matrem ;

Sumat per te Filius preces meas !

La Correrie.

La Correrie ou Couererie est à deux kilomè-tres environ du monastère.

Les bâtiments qui la composent, construits par Guigues, cinquième prieur de la Chartreuse, étaient affectés avant quatre-vingt neuf à la ré-sidence du Père procureur, chargé de l'admi-nistration temporelle de la maison, surtout de la correspondance, et qui portait le titre de dom Courrier.

Ces bâtiments étaient réservés en outre à tout le personnel du couvent, Frères et domesti-ques; il y avait des manufactures de drap à l'usage des Chartreux, une imprimerie, d'où il est sorti quelques éditions estimées, des cellu-les pour les religieux infirmes ou malades.

Aujourd'hui, la plus grande partie de ces constructions remises à neuf, sert de Maison-Dieu, d'hôpital aux indigents de tout pays, que la maladie frappe en route.

Dans une jolie salle, bien aérée l'été, et bien chauffée l'hiver, se dressent vingt-deux lits aux rideaux de toile écrue, aux draps étincelants de propreté et de blancheur.

Soignés , pansés , consolés et guéris , ces membres de Jésus-Christ reçoivent en partant des vêtements pour abriter leur corps, de l'argent pour subvenir aux besoins du voyage.

C'est là que préside et que dispense ses soins, l'émule des plus ferventes Sœurs de charité , le Frère Barthélemy , enfant à la barbe grise , cœur d'or auquel je dois de précieuses recettes, et de hautes leçons d'humilité.

Qu'il veuille bien se souvenir de moi , ce vaillant infirmier , ce noble docteur des pauvres ; qu'il daigne mêler quelquefois mon nom à sa prière , et demander à Dieu pour moi les grâces qu'il ne refuse jamais aux natures d'élite , aux cœurs simples et croyants.

Hier , un jeune convalescent surpris en flagrant délit de vol a été arrêté par les employés de l'infirmerie.

Consulté sur le châtiment qu'il lui plaisait d'infliger au coupable , le Révérend Père Général répond :

Qu'il se convertisse , et qu'il aille se faire pendre ailleurs.....

A cela, le Frère Barthélemy ajoute une paternelle admonestation , un solide déjeuner, plus, neuf francs cinquante centimes pour les frais de route.

O bonitas !!!

La charité !

De toutes les vertus chrétiennes , la plus agréable à Dieu est sans contredit la charité !

C'est elle qui sauve le plus d'âmes ; c'est elle que les grands saints dont s'honorent l'Église , ont pratiqué avec le plus d'éclat, ont poussé jusqu'à ses dernières limites.

Les pauvres , a dit Jésus-Christ à ses Apôtres, sont les enfants bien-aimés de Dieu..... parce que

La douleur, les sanglots, les couronnes d'épines,
  Les trahisons , le fiel ,
Les piloris , la faim , et les fourches caudines
  Sont des faveurs du ciel.

A ceux qui leur auront beaucoup donné, je

vous le dis en vérité, il sera beaucoup pardonné.....

Il vous sera beaucoup pardonné, généreux chef de cette noble maison, dont les portes ouvertes à toutes les détresses, à toutes les infortunes, ne se referment que sur des heureux....

Main toujours ouverte, qui semez sans mesurer les bienfaits de l'aumône.

Soyez béni, vous qui donnez de si grandes leçons de charité et de miséricorde à ces jeunes ministres de l'Évangile, à ces Éliacins qui se pressent dans votre sanctuaire, qui viennent de tous les coins de la France, puiser dans vos conseils et dans vos actes, les enseignements dont ils ont besoin, les forces qui leur manquent !

Soyez béni! vous qui édifiez les temples, qui reconstruisez des cités entières, qui relevez les cabanes, qui repeuplez les fermes!

La laine que vous distribuez formera votre robe d'élu;

Les pleurs que vous séchez, les bénédictions du pauvre que vous consolez, seront les glorieux fleurons de l'immortelle couronne que vous tressent les anges!.....

Voilà, concernant la charité, ce qui est écrit

dans les Statuts de cet Ordre qui n'a jamais été réformé, par la raison bien simple qu'il a toujours été fidèle à sa règle : *Nunquam reformata quare nunquam deformata.*

« Que tous les Prieurs s'appliquent de tout
« leur cœur à donner largement l'aumône, se-
« lon le pouvoir de leurs maisons, nous les en
« conjurons par Jésus-Christ notre Dieu et no-
« tre Sauveur, qui s'est offert et donné lui-
« même pour nous, sur l'arbre de la croix. La
« nature nous dit de faire à autrui le bien que
« nous voudrions qu'il nous fît dans une sem-
« blable nécessité. »

Malheureusement, dans ce monde, les meilleures choses ont leur mauvais côté, les plus belles médailles, leurs revers.....

La charité bien connue des Pères de la Grande Chartreuse, attire en la saison d'été des compagnies entières de chevaliers du cabas.

Ces frelons, qui traitent fort mal le voyageur qui les repousse, exploitent la place avec un certain succès, et dévorent un miel que la bienfaisance du pèlerin destinait aux abeilles.

Parmi ces gueux, dans cette Cour des Miracles, surgissent parfois des types impayables, des charges à faire pâlir les plus grotesques compositions des Callots et des Gavarnis.....

De retour d'une excursion à St-Laurent-du-Pont, j'avisai l'autre jour à quelques pas de moi, un superbe échantillon de cette lamentable famille.

Quelques débris d'une honnête garde-robe, une haute taille relevée encore par un gigantesque bolivar, la médaille de Ste-Hélène, et un salut presque poli m'enhardirent à le côtoyer.

— Bonjour, mon brave.

— Salut, mon officier.

— Beau temps pour se promener! du soleil pour les vieux, de l'ombre pour les jeunes, une journée du bon Dieu! On va sans doute à la Grande-Chartreuse.

— Comme vous le dites très-élégamment, mon général; je vais à cette Grande Chartreuse me jeter dans les bras des lieutenants du Père éternel, pour obtenir de leurs Révérences les consolations que les hommes me refusent.

(Aux splendeurs de son nez, je présumai que ces consolations étaient du trois-six, ou du bleu.)

— Bonne chance, mon ancien! quelque chose me dit que vous réussirez.

— Ainsi soit-il, mille bombes! Il ne serait pas

trop tôt que la chance mît un peu de beurre dans mes épinards.....

La vie, voyez-vous, Monsieur, c'est une vieille marmite où les uns pêchent du bœuf, d'autres des feuilles de choux ; moi j'en suis aux légumes.

— Et vous voudriez du gras, en d'autres termes, d'une redingote pour le froid, du pain pour.....

— Assez, Moxieu ! assez, vous m'insultez.

— Je vais demander au Père Supérieur l'avance de la somme nécessaire pour aller verser une larme sur la tombe de mes ancêtres.....

(Historique.)

Je fus épaté.....

Il pleut.

Il pleut à sceaux, *llueve à cantaros,* disent les Espagnols. Impossible de mettre un pied hors du couvent, sentiers et gazons sont noyés, et je ne connais aucun imperméable, aucun Robinson Crusoë d'assez bonne maison pour braver ce déluge.

Consacrons ce repos forcé aux soins de mon
intérieur, faisons la toilette de ma cellule.....

Pauvre cellule ! elle a logé toute une généra-
tion de poëtes ; elle a donné l'hospitalité aux
tribus nomades de ces glorieux affamés, que la
postérité adopte, mais que le présent répudie,
et fiance à tous les désespoirs, à toutes les élégies.....

Ces murs illustrés par la haute Bohème,
constellés d'odes et de sonnets, de défaillances
et de colères, d'invocations et de défis, ne sont-
ils pas les murs d'une vaste nécropole où chaque mort avant de se coucher a voulu signer
son nom, buriner son histoire ?

Ces confidences, ces tristesses transmises à
la pierre, ne sont-elles pas des lettres de faire-
part destinées aux âges futurs, des cartes à
l'usage des explorateurs à venir, de cette horrible mer qui n'enregistre que des naufrages et
dont les capitans se nomment Gilbert ou Malfilâtre ?

Voici deux pièces prises au hasard sur ce singulier album, dans ce livre de pierre :

Muse et poète !

Sur ce siége boiteux, asseyez-vous, ma muse !
Pour vous offrir si peu vous savez mon excuse.
Apollon notre maître est un fesse-mathieu,
Qui se chauffe au soleil et dîne à l'Hôtel-Dieu,.....
Dans son garni désert, jamais un pli de roses
Ne blessa Sybaris, n'ouvrit paupières closes ;
De la brise, le jour, des falaises, le soir,
Voilà de ses dévots la table et le perchoir.

De mets plus succulents, d'un gîte moins précaire,
Il fut un temps, Madame, où je n'avais que faire.....
Dans la mousse des bois j'avais creusé mon nid ;
Ainsi qu'à ses oiseaux, Dieu m'y donnait crédit.
Je buvais au ruisseau, je dînais de merises,
Aux sourds bruissements de l'insecte et des brises;
Ma ruche se peuplait d'un fantastique essaim ;
Des poëmes entiers s'agitaient dans mon sein ;
Que de rêves charmants, que d'amours, que de leurres
Me versait en passant la corbeille des heures !
Que de folles chansons, que d'échos endormis
Réveillés en sursaut, que de fleurs, que d'amis !.....

Hélas ! l'âge a passé sur ces blanches journées,
Ces idylles du cœur, ces pages fortunées.
Sur mon front soucieux, l'hiver a mis la main ;
Ma lampe n'a plus d'huile, et mon bahut, de pain.....

Loin de nous, sont les temps où la dive ballade,
Du seigneur châtelain recevoit l'accolade ;
Où, convive honoré du chaume et du manoir,
Le troubadour puisait aux urnes du dressoir.

Les marteaux de l'usine ont endurci l'oreille ;
Aux accords de Blondel, le fabricant sommeille.
De fleurs et de bourgeons quand Turcaret se ceint,
Dans un manteau de gueux Malfilâtre s'éteint.....

Madame, reprenez ces outils de poëte ;
Ces guimbardes, ce luth : je me suis mis en tête,
Alors qu'en vos greniers jamais n'entre moisson,
De vous donner congé, de vivre à ma façon.....

Avant qu'à mon foyer toute flamme ne s'use,
Que je meure à la peine, éloignez-vous, ma muse !
Sur des fronts de nabab, d'opulents suzerains,
Allez, ma belle fée, épandre vos écrins.

De mes soleils levants emportez sur vos ailes
Tout l'or, de mes Bagdads noyez les étincelles ;
Voilez mes horizons, mon paradis perdu ;
Mes rêves, mon passé..... la Muse a répondu :

Quand du regard de Dieu s'élança le génie,
        Rayon étincelant,
Le firmament versa des torrents d'harmonie,
        Sur l'orbe chancelant.

Le Thabor tressaillit sur sa base de pierre,
        Le soleil déclina,
Et sur le mont Liban la tête la plus fière,
        Le cèdre s'inclina.....

Va, dit le Tout-Puissant, apprendre aux fils des hommes,
        Ce que vaut le renom ;
De combien de sueurs, de quel prix, quelles sommes
        On doit payer un nom.....

Si ton aile parfois se macule de fange ;
        Si ton vol s'alourdit ;
Si ton nimbe s'éteint, ne pleure pas, mon ange !
        Mon œil te suit..... j'ai dit !.....

Va, le triomphateur porté sur la tempête,
        Descend au Golgotha,
Mais le soir, éperdu, courbant sa noble tête,
        Dans l'ombre il sanglotta.

C'est qu'un instant ses yeux ont parcouru les pages
        Du registre des ans ;
Qu'il a vu, sous la lave, au foyer des orages,
        Tomber tous les titans.

.. vu le besoin couvrir de sa livrée,
        L'élite des humains;
La noble intelligence à des bourreaux livrée,
        Mourir les fers aux mains.

Le raisin le plus doux gaspillé par Silène,
        Les morts au Panthéon;
Sur l'horizon des mers, au pic de Sainte-Hélène,
        César, Napoléon!

C'est que montent vers lui les immenses tristesses
        Des hommes éminents;
C'est qu'au rabais, dix ans, Christophe à des Altesses
        Offre ses continents.

On dit que des pasteurs, en ce moment suprême,
        Des flancs du mont sacré,
Ont vu jusqu'au sommet, s'élever pâle et blême
        Un fantôme effaré.

Les ombres de la nuit, d'une nuit sans étoiles,
        Couvrent son large front;
De sauvages enfants grimacent dans ses voiles,
        Et souillent son giron.....

Qu'un bandeau siérait bien à cette noble tête!
        De quelle autorité
Peut resplendir ce front noyé dans la tempête!
        Son nom..... L'humanité!

Qui dans ses larges flancs enserre tout un monde
    D'intrépides docteurs ;
Qui vont chasser un jour de la terre et de l'onde
    La nuit des imposteurs.

Où, germes inféconds, expier la faiblesse
    Du messager divin ;
Emporter au néant, impuissante noblesse,
    La lyre et le burin.....

Non, l'ange a tressailli, ses yeux du sacrifice
    Ont entrevu le fruit ;
S'élançant dans l'espace, il vide le calice
    Et détrône la nuit.....

Un océan de lait envahit tes mamelles,
    Puissante Humanité ;
Le chaos s'harmonise, et des races nouvelles
    T'acclament Vérité !

Hourra ! splendides gueux, sublimes dons Quichottes,
    Dans les rudes sillons,
Où doivent en épi se changer vos marottes,
    Couchez vos bataillons.....

Allez vivre et mourir sous la pierre ou le chaume,
    Sans soleil, sans amour ;
Sur le fumier de Job versez tout votre baume,
    Sans espoir de retour.

Allez, troncs foudroyés, végéter, solitaires,
  Dans les bocages verts ;
Aux Crésus, aux Midas, allez, mes beaux Homères !
  Chanter pieds nus vos vers.....

Eh ! que font au destin les sombres violences,
  Les ombres et la nuit ?
Cet inflexible dieu n'admet dans ses balances
  Que la fleur et le fruit.

Qu'importe, si l'épi qui jaunit dans la plaine,
  Coûte quelques labeurs ?
Répondez, paysans, lorsque la grange est pleine,
  Comptez-vous vos sueurs ? !!!

Dieu le veut ! pour tout nimbe, un jardin des olives,
  Pour les sauveurs, du fiel !
Sur des têtes de mort, des couronnes tardives,
  Aux trépassés, le miel !.....

Ainsi, le Lyonnais pour réparer l'injure,
  Taille un marbre à Jacquard ;
Lourmarin vote un bronze à l'humble sépulture
  Du dernier des Gérard.....

5

L'Infirmerie ou le quartier des dames.

En face du couvent, sous un massif d'érables et de frênes, s'élève une blanche maison, dont les fenêtres s'ouvrent à tous les soleils, à toutes les brises.

C'était autrefois l'infirmerie du monastère, l'hôtel des invalides du soldat de la foi :

Aujourd'hui, cet établissement est le couvert hospitalier, où viennent s'abriter les Èves nomades du Dauphiné, les pâles filles de la vieille Angleterre.

Les mauvaises langues disent bien que l'hôtellerie n'a changé que d'infirmités ; moi, je n'en crois rien, et je regrette vivement que ce vilain mot d'infirmerie ait survécu aux choses d'une autre époque.

Trente-deux nids tapissent les murs de ce gynécée.

Cinq religieuses de l'Ordre de la Providence pourvoient aux besoins de leurs hôtes, les entourent de toutes les prévenances, sourient à leur réveil, protègent leur sommeil.

, Quel babil , le soir , quel entrain , que de caprices , que de bonnes curiosités à satisfaire !

Que de déceptions, que d'espérances mortes au lendemain !

La fable raconte qu'un certain Caron, vieillard misanthrope et goutteux, exigeait impérieusement des morts la rétribution d'une obole, pour traverser le fleuve dont il était le nautonier.

Sans pitié pour les pauvres hères qui n'avaient ni sou ni maille, il les condamnait à errer sur les bords très-peu enchanteurs du fleuve jusqu'à payement intégral de la dite obole.

Eh ! bien, il eût été plus facile à une ombre d'échapper à l'impôt du vieillard, et aux dents de son chien à trois têtes, qu'à vous, Madame, de passer le seuil du monastère.

La femme la plus belle ou la plus distinguée entre toutes les femmes , si elle n'occupe ou ne partage un trône, ne peut, à aucun titre , et sous aucun prétexte, être introduite dans l'intérieur du couvent.

Quelle horreur ! disait une pécheresse, venir de si loin pour visiter cet affreux moutier , et se heurter tout le jour à une porte fermée, à des gendarmes déguisés en capucins.

C'est d'un sans gêne, d'une impolitesse !!!....

Non, Madame, c'est de la prudence, et rien de plus.....

De quel droit voulez-vous pénétrer dans un intérieur qu'épouvantent chaque jour les confessions des victimes que vous faites?

Que venez-vous chercher dans ce désert ?

Des admirations?.....

Les saints qui peuplent ces solitudes n'admirent et n'adorent que Dieu;

Des distractions?.....

Ces religieux sont voués aux jeûnes et au silence.

Des consolations?.....

Ces prêtres ne dirigent pas la conscience des femmes; ils ne vous reçoivent au tribunal de pénitence que dans des cas excessivement graves; ils prient pour vous,

Mais, à distance?.....

Croyez-moi, Madame, à mauvais jeu, faites

grande mine; allez demander à la Vierge Imma-
culée, à la patronne de ces lieux, les pardons
qui vous sont nécessaires, les vertus qui vous
manquent;

Allez sur les cimes solennelles de ces géants
de pierre retremper votre foi, abjurer vos er-
reurs, pleurer sur vos triomphes;

Allez apprendre à connaître Dieu, à respec-
ter ses saints.

Et si rien ne parle à votre âme, si vos blessures ne se ferment pas,

C'est qu'elles sont incurables;

C'est que la gangrène les envahit.

A de jeunes Séminaristes.

Des moissonneurs la troupe vagabonde
    A fauché la moisson ;
Sur les coteaux, la grappe noire ou blonde
    Fait ployer l'étançon.
Dans les guérets l'alouette picore,
    Le perdreau s'arrondit ;
Dans le verger où le muscat se dore,
    L'écolier s'étourdit.

Ce qui veut dire que nous sommes en septembre, que Burnouf est aux eaux, Cicéron à Tusculanum, Horace à Tibur.

A leurs oiseaux captifs, séminaires et collèges ont donné la volée ; nous sommes aux vacances.

Vacances ! bienheureux substantif qui contient plus de promesses que la boîte de Pandore n'enfermait de présents.

Vacances ! arbres aux fruits d'or, jardins des Hespérides que ne gardent plus de terribles dragons.

Ruisseaux d'azur, où viennent échouer les ennuis et les larmes de dix mois de captivité.

Vacances! je vous remercie! C'est aux sourires des heureux que vous faites, que se sont éclaircies les ombres de mon front; c'est dans vos fraîches corbeilles que j'ai revu les fleurs de ma jeunesse, que j'ai retrouvé les joies de mon enfance!

Jeunes séminaristes que n'ont point effrayés mes cheveux blancs, que n'ont point attristés mes rides et mes blessures,

Vous souvient-il de notre excursion à Saint Pierre, de nos siestes et de nos pieuses causeries sous les érables de la Chartreuse?

Vous m'entouriez d'égards, je vous traitais en fils; sous vos jaquettes d'écolier j'entrevoyais la soutane du prêtre, la glorieuse livrée du Christ.

Je saluais en vous les vertus évangéliques qu'ont pratiquées les saints vos prédécesseurs, les abnégations et les martyres attachés au sacerdoce dont le Seigneur vous investira un jour.

Soyez fidèles à votre vocation;

Ne reportez jamais vos regards en arrière, quelque douces et chères que soient les voix qui vous appellent ; tout comme le ciel, l'abîme a ses harmonies, l'enfer ses enchantements.

Si rudes que soient les sentiers à travers lesquels vous aurez à passer pour suivre votre maître, n'en déviez jamais : sous les ronces et les épines qui les couvrent, se cachent les fleurs de l'espérance, mûrissent les fruits de la promesse.

Souvenez-vous que le clergé de France est le premier clergé du monde ; que sur son livre d'or sont inscrits les plus beaux noms de l'épiscopat, les gloires du sacerdoce.

Souvenez-vous que noblesse oblige, que l'étendard que vous allez arborer est un drapeau sans tache auquel ne doivent toucher que des mains pures, des poitrines sans peur et sans reproche.

Souvenez-vous que le riche est l'argentier du pauvre.

Riches ! priez pour moi.....

Amédée de Rizières à Madame de Blainvac.

Après vous avoir fait connaître toutes les dépendances du monastère, après vous avoir initié à toutes les bonnes œuvres des Saints qui l'habitent, j'allais clore mon envoi,

Lorsque ma muse, qui campe vis-à-vis ma fenêtre, dans les mousses des sapins, jalouse sans doute des pièces de vers que j'ai détachées pour vous du mur de ma cellule, me fait parvenir par une brise folle des pages à votre adresse, deux élégies butinées dans le calice des plantes amères, écrites sur les lobes rosés des safrans de la prairie.

Faites-leur bon accueil, je vous prie, Madame, ne serait-ce que par affection pour l'enfant gâté qui vous les dédie.

Pauvre muse, comme elle est changée!

Plus de toque de velours sur l'oreille, de corsage pailleté de clinquant et de soie; les atours de la ballerine ont fait place aux robes traînantes, aux voiles flottants de la catéchumène.

Saint Bruno d'une gitana a fait une colombe, d'une péri du Gange, une vierge chrétienne.

Vespera !

Sous l'ombre qui descend, plus de voix, tout repose;
Aux chœurs des Chérubins la terre va s'unir.
Les petits des oiseaux ont la paupière close,
C'est l'heure des blessés: heureux, allez dormir!!!

Que fais-tu dans les airs, ma pudique vestale?
Pour l'astre Dieu créa la pourpre et les hauteurs;
Le cèdre pour César, l'herbe pour la vassale,
La brise pour les champs, et l'ombre pour les fleurs.

Aux lointaines forêts où chasse le sauvage,
Serais-tu suspendue à ces riants berceaux,
Où de jeunes enfants flotte le sarcophage,
Comme un nid de mésange aux branches des sureaux?

Viens combler le sillon qu'un long jour de tristesse
Dans mon âme a tracé; viens payer ma rançon;
Viens soutenir l'épi qui se penche et s'affaisse
Avant le jour fatal, le jour de la moisson !

Dis-moi si le calice où buvait Malfilâtre,
S'est brisé dans sa main, et n'a plus de poison;
Si la terre sera longtemps une marâtre,
Pour l'homme sans foyer, la brebis sans toison.

Du comte Raousset narre-moi les tortures,
Les rêves, les combats, et l'héroïque plan.
A-t-il du grand Cortès refait les aventures,
As-tu fermé ses yeux dans un manteau sanglant?

Il est mort, n'est-ce pas, comme un fier gentilhomme?
Sans un pli sur le front, sans ombres dans les yeux;
A voix basse épelant le doux nom d'un fantôme,
Commandant aux mousquets, et regardant aux cieux.

Dis-moi si les clartés de la mobile étoile
Ne sont pas les saphirs du front de vos élus ;
Si le rayon qui tremble au sommet de ma voile,
N'est pas l'œil de ma mère, hélas ! que je n'ai plus.....

Que je tombe à genoux, et découvrant ma tête,
Je baigne à ce rayon et mon âme et mes yeux ;
Que je marque sa place, et qu'au jour de tempête,
Comme un phare sauveur, je le retrouve aux cieux.

Dis-moi si du Seigneur l'ineffable tendresse,
A mes iniquités réserve le pardon ;
S'il doit au repentir de l'âme pécheresse,
Ouvrir son paradis, les portes de Sion !

Des cris, sous la feuillée ! une pauvre fauvette
A d'effrontés forbans dispute ses petits ;
Des mains de l'oppresseur, des dents de la belette,
Préserve, ô Vespéra ! les faibles et les nids.....

Du sommeil des heureux couvre celui qui pleure ;
Aux lèvres de Lazare épanche un peu de vin ;
Donne aux cœurs abattus une espérance, un leurre,
Des roses aux buissons, aux laboureurs du grain.....

La patrie !

Combien j'ai douce souvenance.
CHATEAUBRIAND.

Pourquoi, songes légers, quand se clôt ma paupière,
Dorez-vous mon sommeil de souvenirs aimés ;
De scènes du foyer, de caresses de mère,
D'horizons vaporeux perdus à tout jamais?.....

Ambert ! pays charmant, où ma première enfance
Coula comme un flot pur sur un fond sable et d'or ;
Où sous de chauds baisers, des trésors d'indulgence,
Ma tête se bronzait aux souffles du Mont d'Or.

Noble ville, où l'enfant, du vieillard qui trébuche,
Ramasse, chapeau bas, le bâton séparé ;
Où la famille s'aime, où jamais une embûche
Ne s'ouvrit sous les pas du touriste égaré !

Ambert! je t'ai pleuré sur les monts, dans la plaine,
Aux sentiers du Sahel, aux jardins de Blidah ;
J'ai murmuré ton nom au pays de l'Hellène,
Aux murs du Parthénon, aux flancs du mont Ida ;
Sous le ciel étoilé de l'indolente Espagne,
Aux enivrants parfums des jaunes citronniers,
Mon cœur a préféré l'éclair de la montagne,
L'arome du sapin, la neige des pruniers.

Pour tant d'amour, as-tu quelque chose en échange ?
Tes murs m'ont-ils gardé les amis d'autrefois ;
Le sourire béni du vieillard et de l'ange ;
Les fleurs de mon jardin, et l'ombre de tes bois ?

Hélas ! de ces absents, têtes blondes ou blanches,
        Qui reverrai-je encor ?
Au lilas que j'aimais reste-t-il quelques branches ;
        Aux prés, un bouton d'or ;
        Sur l'étang, de la glace ;
        Un nid, dans le gazon ;
        De mes pas, une trace
        Au seuil de la maison ?.....

Léon, le plus aimé des enfants du bailliage,
A-t-il, sans défaillance, abordé l'âge mûr ?
Vous n'avez pas permis, ô mon Dieu ! que l'orage
De ses limpides eaux aît effacé l'azur.

S'il avait naufragé, si sa part de misère,
    Plus grande que son cœur,
Trop bas courbait son front, donnez vite à ce frère
    Tout mon lot de bonheur.

Les bras entrelacés, nous allions dans la vie,
Comme ces arbrisseaux rivés au même pied,
Mordant aux mêmes fruits, buvant la même lie,
Couronnes et pensums prenant tout de moitié.

O mes jours de soleil, d'école buissonnière,
    De pommiers ravagés,
De vêtements souillés aux fanges de l'ornière,
    De jardins saccagés !

Qu'êtes-vous devenus ? roulés comme la feuille,
Dans l'abîme sans fin où s'endorment les ans,
Avez-vous en tombant au gouffre où tout s'effeuille,
Égrené vos rayons, vos bluets du printemps ?

Devez-vous refleurir sur cette terre encore,
    A des lèvres d'enfants ?
Souvenez-vous alors des rives de la Dore,
    O mes beaux revenants !!!

J'espère Madame, que ces pages recevront de vous l'accueil qu'elles méritent, et que plus heureuses que le journal qui contenait l'histoire de ma vie, elles ne serviront point d'aliments à vos auto-da-fé.

Je vous avais promis la description du monastère, son histoire archéologique. Hélas! Madame, j'avais compté sans ma profonde ignorance en la matière; je baisse pavillon devant des difficultés insurmontables pour moi; et dans l'espoir de conserver l'estime de mon maçon que je perdrais infailliblement si je mettais le pied dans le domaine de l'ogive et du moellon, je joins à mon envoi une collection de vues photographiques qui vous donneront bien mieux que mes aperçus, la fidèle pourtraicture du moutier et de ses environs. Ouf! Madame, irez-vous jusqu'au bout de cette période, véritable pavé, qui vous donne la mesure des pierres de taille sous lesquelles j'aurais pu vous enterrer si j'avais traité le sujet?

L'embarras que j'ai éprouvé, et l'expédient que j'emploie pour en sortir, me rappellent l'héroïque parti qu'en pareille circonstance prit un maire de ma connaissance.

J'ai bien envie de vous raconter la chose, mais j'entrevois sur le front de mon directeur certains plis qui m'imposent silence, et vous pri-

vent, Madame, d'une incroyable joyeuseté.....
Veuillez offrir à Dieu cette légère déception.....

Si vous désirez, Madame, visiter l'intérieur du
monastère et m'accepter pour votre cicerone,
ayez soin, je vous prie, de passer votre robe la
plus modeste, d'enfermer dans leur écrin toutes les vanités de ce monde, et suivez-moi, en
pensée, bien entendu, dans ce sanctuaire dont
les portes sont impitoyablement défendues aux
personnes de votre sexe.

L'Église.

Au Seigneur tout honneur !

Commençons par son temple. Vous voyez, Madame, que la simplicité de sa construction, et la modestie de ses ornements s'harmonisent en tous points avec l'austérité de mœurs de ses pontifes.

Trois lampes argentées, trois bien faibles tableaux, trois autels resplendissants de propreté, voilà la parure de cette église, les richesses de ce temple où rien ne distrait l'âme de ses méditations, le cœur, de ses hommages.....

L'homme du monde aime le miel aux bords de son calice, l'or aux pieds de sa croix.

Il lui faut, pour prier, des toiles de Raphaël, des madones constellées de bijoux, des maîtres de chapelle, des têtes de mort souriantes ; il lui faut du velours pour s'agenouiller, de l'eau de rose pour se signer.

L'homme à la foi ardente qui pratique le jeûne, s'endort sur le cilice, dont la vie est une prière, une adoration de tous les instants, ne demande rien aux merveilles de l'art.

Il a pour satisfaire sa vue et ses sens la présence de son Dieu, le rayonnement de sa gloire; il se souvient que Jésus-Christ notre divin Maître a choisi une étable pour berceau, un gibet pour tombe.....

Il sait que le temple le plus agréable à Dieu, est un cœur chaste et soumis; il sait que son humble prière montera tout aussi bien aux pieds de l'Éternel que les hymnes à grand orchestre, qui remplissent les voûtes de la Madeleines à Paris, de San Phelipe à Gênes.....

Cette balustrade en fer qui vous cache la plus grande partie du chœur, et vous empêche de contempler ces corps humains roulés dans la poussière, ces rhéteurs, ces tacticiens, ces philosophes, transfuges d'une société perverse, déserteurs d'un monde de trahisons, anéantis devant la majesté du Roi des rois, incrustés dans le marbre où le Seigneur compte chacun de leurs sanglots, enregistre chacune de leurs prières..... cette balustrade, dis-je, a été placée là comme une barrière aux indiscrétions, au sans gène de certains dilettanti qui se rendaient aux offices de nuit, comme on va aux représentations d'un Robert le Diable ou d'un ballet à grands décors.

Ces Messieurs persifflent la mesure,

Le visiteur pieux la bénit : il y trouve des garanties de silence et de recueillement.

N'avez-vous rien à dire, Madame, à ces deux Séraphins qui gardent chaque côté de l'autel ?

N'avez-vous rien à demander à cette Mère éplorée qui vous montre son Fils expirant pour le salut des hommes ?.....

Le Cloître !

Recueillez-vous, Madame !

Nous abordons la partie la plus solennelle du Couvent, le cloître..... dont les vastes corridors sont éclairés par cent trente arcades, et comptent deux cent quinze mètres de longueur, distance à laquelle un cœur ne pourrait reconnaître un ami, d'où les meilleurs yeux ne sauraient distinguer un Charles-Quint promenant

ses royales tristesses d'avec le plus humble religieux égrenant son rosaire.

Voici la chapelle des morts, fondée en 1382,
et ainsi nommée parce que ses caveaux contien-
nent les ossements des religieux qui reposaient
dans les environs de la Chapelle de Notre-Dame-
de-Casalibus.

Si votre cœur est pur, Madame, si le regard
de Dieu peut y descendre sans colère, levez
les yeux sur cette niche, et contemplez cette
merveille du ciseau, ce buste vivant de ce qui
n'est plus..... de la Mort !

Voilà une tête, disait un procureur normand,
que je n'aimerais pas à rencontrer à la sortie
du palais !.....

A quelques pas plus loin, et du côté opposé,
vous voyez la chapelle de St Louis roi de France,
fondée par Louis XIII.

C'est une joyeuse crèche où les enfants se
pâment d'aise devant les noires statuettes des
prophètes Moïse et David ;

Où les sapeurs de la ligne sèchent de jalousie
devant les fabuleuses barbes des quatre Évan-
gélistes ; où les maires de village jubilent devant un effet de lumière représentant un jeune

chartreux accoudé sur la rampe d'une tribune chimérique.

Ce pieux cénobite semble demander au président de la visite, au Père coadjuteur, d'où lui vient quatre fois par jour cette collection de grotesques, cette ménagerie.

Inclinez-vous, Madame!

Nous sommes dans le Campo Santo, le cimetière où repose la dépouille des Saints. Ni mausolées, ni marbres, ni couronnes! de la pierre et du bois.

De la pierre, pour les généraux de l'Ordre, du bois pour les autres.

Cette distinction vous surprend, vous choque peut-être. Hélas! depuis longtemps les philosophes, les égalitaires en font un reproche à l'Ordre, un cas de conscience.

Ils ne comprennent pas ce que cette différence cache de douces pensées, de pieux devoirs.

Ne faut-il pas que les enfants aient un signe qui les aide à reconnaître la tombe de leurs pères?

Cette croix bien plus lourde que le bois, n'est-elle pas l'emblème du pesant fardeau que porte toute sa vie le chef spirituel et temporel de toute une communauté?

Ce monde, Madame, est une bien triste chose : ses appréciations sont toujours hostiles ; ses jugements, des condamnations..... Rien n'échappe à ses colères, rien ne désarme son bras. Aussi, pour un coupable qu'il atteint que de justes ne sacrifie-t-il pas?

Hier j'ai cueilli dans le cimetière deux petites fleurs qui s'épanouissaient aux angles d'une croix.

Voulez-vous me permettre de vous répéter ce que je leur ai dit ?

A des fleurs du Cimetière.

Modestes fleurs des bois,
Filles de l'air, du ruisseau, de la brise,
Que faisiez-vous aux portes de l'église,
A l'ombre de ces croix?

Sur la route des cieux,
Les Chérubins ont-ils de leurs couronnes
Laissé tomber aux pieds de ces colonnes
Vos germes précieux?

Aux cantiques des saints,
Aux cris d'amour, à l'hosanna des anges,
Unissiez-vous vos senteurs, vos louanges,
Étoiles des jardins?

Ou bien, du champ des morts
Joyaux sacrés, ravissantes gardiennes,
Fleurissiez-vous les dépouilles chrétiennes
Des justes et des forts?

6

De ceux qui ne sont plus,
Pour les blessés, les martyrs de la vie,
N'étiez-vous pas une pensée amie,
Un sourire d'élus ?

Les célestes reflets
De ces grands saints, de ces blanches colombes,
Qu'avec respect enveloppent les tombes,
Et leurs hôtes muets ?

Comme un talisman,
Oh ! laissez-moi, jouet des brises folles,
Dans mon esquif opposer vos corolles
Au perfide élément !

Contre le tentateur,
Entre Jésus et sa divine Mère,
Venez couvrir d'un bouclier tutélaire,
Et mes sens et mon cœur !

Qu'à l'heure de ma mort,
Dieu, vous voyant sur mon humble poitrine,
Me fasse grâce, et que sa main divine,
Me pousse dans le port !.....

Le Cloître.

(Suite).

Ces portes ornées d'une image de la Sainte Vierge, encadrées d'une sentence dont le sens est presque toujours la pensée intime du religieux qui l'adopte, une page de sa vie,

Sont les issues des trente-cinq cellules qui longent le cloître : elles comprennent, comme je vous l'ai déjà dit, deux pièces éclairées par trois fenêtres. — Au-dessous se trouvent un bûcher, un atelier, plus un petit jardin formant la séparation des cellules entre elles.

C'est dans cette espace de quatorze mètres carrés que viennent prier et mourir, jeunes et vieux, vainqueurs et vaincus de la grande bataille humaine.

Le mobilier est tout ce qu'il y a de plus simple et de moins comfortable : un grabat, une chaise. Mais arrêtons-nous : vous ne pouvez, Madame, même en pensée, soulever les voiles de la vie intime ; non pas que ces murs cachent la moindre faute, la plus petite plaie, *(le linge sale d'un chartreux ferait encore beaucoup d'honneur à certains sages du monde*, mais parce que ceux qui donnent tout aux hommes, et ne leur demandent rien, ont, ce me semble, bien droit aux égards que revendique et qu'obtient le premier venu.

S'il m'était permis d'exhumer de son étui le livre de la légende, si ma main profane pouvait y tracer une enluminure, une page,

*Le beau sujet!....

Ces portes mystérieuses roulant silencieusement sur leurs gonds à l'heure de minuit, ces images de la Vierge se détachant de leurs cadres, et rayonnant au-dessous d'une étoile, sur le front de blancs fantômes;

Les tombes du cimetière laissant échapper de leurs solitudes de fraîches apparitions;....

Les hymnes de la terre se mêlant aux harmonies du vent;

La croix de l'Ordre, arrondissant son globe de feu sur les sommets du grand Som, le cortége des bonnes œuvres remplissant la vallée;....

Si j'étais peintre, si j'étais poëte, si ma plume ou mes pinceaux pouvaient rendre ce que mon cœur contient de respects et d'admirations pour ces consolateurs, quels chefs-d'œuvre, quels poëmes!!

A défaut des munificences du génie, que ces vénérables pontifes dont les mains sans cesse élevées vers le ciel désarment la colère de Dieu, daignent se contenter du denier de la veuve, de toute la gratitude qu'il m'est donné d'avoir pour eux.

Ils sont entrés dans ma vie, comme un rayon de soleil dans l'abîme.....

Que Dieu et mon cœur soient leur récompense !.....

La Bibliothèque.

La meilleure partie des livres et manuscrits qui composaient la bibliothèque du Couvent de la Grande Chartreuse, a été transférée en 89 dans les archives de la ville de Grenoble.

Plus de neuf mille volumes survivent encore à cette razzia.

Les Bollandistes, dont l'honorable M. Albert Duboys regrette l'absence dans son excellent ouvrage sur la Chartreuse, sont au grand complet dans leurs rayons, et forment l'avant-garde de cette armée savante à laquelle j'ai eu l'honneur d'appliquer des numéros, des étiquettes.

Je ne vous avais pas dit, Madame, que le savant directeur de cette bibliothèque m'avait prié de remplir cette tâche.

Il ne saura jamais le plaisir qu'il m'a fait en me fournissant l'occasion de lui être agréable.

Au reste, l'obligé, à tous égards, c'est encore moi.....

A quelles bonnes charges, à quelles réjouissantes scènes n'ai-je pas assisté du haut de mon échelle ? A celle-ci entre autres :

Un savant en herbe, un quart de Bénédictin, perdu dans un habit noir et une cravatte blanche, dit au garçon de salle qui conduisait la visite, en l'absence du Père coadjuteur :

Moosieu, vous deviez avoir de beaux manuscrits ; auriez-vous l'obligeance de m'indiquer leur place ; où sont-ils, je vous prie ?

Là-haut, répond le garçon en désignant le plafond où depuis quelques cent ans se prélassent un caïman et une torpille empaillés.

L'irascible paléographe, se croyant mystifié, tourne sur les talons, et des hauteurs de sa cra-

vatte-carcan, lance au cicerone ces foudroyan-
tes syllabes: Im bé ci le!!!

La visite est finie, Madame: jetez un dernier
regard sur ces solennités claustrales; adressez
une dernière prière au Dieu qui les remplit,
et effacez-vous, je vous prie;..... car j'aperçois
le frère hôtelier, l'œil le plus clairvoyant, le
plus américain de toute la Communauté.

Malheur à moi, malheur même à votre ombre
s'il l'entrevoit à mes côtés..... Dieu soit loué!
il n'a rien vu, rien deviné!.....

Osez alors me suivre dans ces vastes salles où
pendant la belle saison viennent s'engouffrer et
se restaurer des caravanes entières, où se con-
somment cent douzaines d'œufs, trois hectoli-
tres de vin par jour, douze mille francs de
beurre par an.

Couloir à droite, en entrant, salle d'Allemagne, salle d'Italie, ainsi nommées parce qu'elles ne s'ouvraient autrefois que devant les
grands dignitaires des chartreuses d'Allemagne
et d'Italie.

Elles sont réservées aujourd'hui aux princes
de l'Église, aux puissants de la terre, qui viennent de loin en loin demander une trêve aux
hommes, des bénédictions à Dieu,

C'est le faubourg St-Germain de l'endroit : passons aux tentes du peuple, aux salles du tiers-état.

Couloir à gauche, salle d'Aquitaine, salle de France.

Entrons dans la première, où depuis un mois je suis le commensal de tous les Ordres religieux de l'empire français ; où j'assiste à un singulier tournois, aux superbes coups de fourchette que fournissent trois fois par jour les Séminaristes de la Côte-St-André, et du rondeau.

Jour de Dieu ! quelle dentition, quels estomacs, quelle soif, quel entrain !.....

Tarif de la salle, 2 fr. 50 c. par jour, chambre comprise.

Vis-à-vis est la salle de France, immense caravansérail où se rencontrent et se coudoient les échantillons de toutes les infirmités humaines, marchands de vin et bohêmes, photographes et avocats, touristes, égorgeurs de temps, ennuyeux et ennuyés, le tout pour la somme de 5 fr. par jour, y compris la chambre et une foule de petits verres.....

C'est là, dans cette salle, que de malheureux Anglais, après avoir fait à jeun une demi-douzaine de lieues, repoussent avec horreur les aliments maigres qui leur sont offerts et demandent au nom de St-Georges et de tous les saints de l'Angleterre, une foule de biftecks qui au nom de la règle cartusienne leur sont invariablement refusés.

C'est dans cette malheureuse salle tapissée des noms les plus communs de la chrétienté, tatouée et salie du parafe de tous les sots qui sont venus y brouter, que le parvenu provençal demande : les zaricots à M. de l'Homond son voisin qui lui répond la bouche pleine et l'œil flamboyant....: sans liaison, Monsieur de la *Cannebierre*.....

C'est là...., mais ne vous gênez pas, Madame; dites bien haut ce que votre malin sourire laisse à deviner, à savoir: que sous le capuce du néophyte pointent beaucoup trop haut les oreilles du frondeur; qu'entre une révérence et moi il y a des abîmes, la distance d'un *steeple-chase*.

Dites pis encore, et recevez mes remercîments pour m'avoir rappelé aux sentiments d'humilité et de charité chrétiennes qu'offensent mes observations railleuses, que blessent mes critiques.

Ceci, Madame, vous fournit la mesure de

la faiblesse humaine, donne une fois de plus raison à ce philosophe ancien qui disait :

Toutes les fois que je vais parmi les hommes, j'en reviens moins homme..... Hélas ! bon Dieu, comment revenait-il ce bon Sénèque lorsqu'il hantait les femmes !

Permettez-moi, Madame, de vous accompagner jusqu'à la route de St-Laurent-du-Pont, et de vous confier aux soins du guide Bousillon qui, bon an mal an, fait suer à ses mulets et à ceux qui les montent le prix de plusieurs hectares de terre labourable.

Ne m'oubliez pas, je vous prie, auprès de Léontine ; mettez pour moi, sur son front, la plus douce de vos caresses et quand vous y songerez, priez Dieu pour moi.

Adieu, Madame, je reprends mon incognito ; je rentre dans ma solitude, soyez heureuse !

A. DE RIZIÈRES.

Salle des retraitants, cellule A.

Vanitas vanitatum, omnia vanitas!!!

Vanité des choses de ce monde, néant des affections de la terre! Cette baronne de Blainvac qui accepte purement et simplement un héritage de malheur que d'autres auraient répudié vingt fois, ou tout au moins n'auraient accepté que sous bénéfice d'inventaire..... cette providence, cette curatrice, je la quitte sans façon, sans regret; je lui dis adieu le chapeau sur la tête, les mains dans les poches.

N'aurai-je plus de cœur? l'âge et la souffrance en auraient-ils pétrifié les fibres, éteint les battements?

Ou cet organe si vanté ne serait-il qu'une mauvaise plaisanterie, un four banal où chacun jette son fagot et fait cuire son pain?

Aimer, verbe divin, harmonieux clavier, sur les lèvres qui vous conjuguent, dans les mains qui vous parcourent, n'y aurait-il que trahison d'une part, et sacrifice de l'autre?

Ne seriez-vous qu'un piége à niais, une affreuse réclame au service de l'infirme et du pauvre, des Gusmans d'Alfarache et des petits Poucets?

Vamos a ver, disent les Espagnols; examinons.....

Objets constants de toutes les sollicitudes, de tous les empressements, de toutes les tendresses, comment acquittez-vous votre dette, chérubins pleurards? De quelle manière soldez-vous votre compte, bébés assourdissants?

En monnaie de singe, en grimaces et en méchancetés..... en mordant le sein qui vous allaite, en blessant les lèvres qui vous caressent, en souillant les genoux qui vous bercent.

Et si par hasard vous êtes sages, c'est-à-dire, si vous n'abusez pas trop du droit que l'on vous concède de semer la tempête, d'attrister et de faire souffrir tout ce qui vous entoure; si votre

mère, votre esclave, surprend sous les franges
soyeuses de vos grands yeux bleus un bon sourire, glane sur vos lèvres si fraîches et si rosées
une vraie caresse..... ce sera à la condition ex-
presse que vos fantaisies les plus saugrenues,
vos caprices les plus monstrueux seront plei-
nement satisfaits, radicalement assouvis.

Je connais une bête du bon Dieu, qui depuis
vingt-cinq ans vit sur un mot du cœur échappé à
son plus jeune enfant. Le mot n'a pas eu d'é-
chos, et n'aura jamais de second volume.

Sais-tu, me disait le plus faible des pères, où
se trouve notre place, et celle de nos femmes,
pauvres sacrifiés que nous sommes ?

Au pied de la croix, lui dis-je.

Non, répondit-il..... sous les chutes du Nia-
gara, dans les murs de Bicêtre.

En effet, créés rois par d'imprudentes abdi-
cations, sacrés par d'aveugles et coupables tendresses, ces Césars en jupons piétinent sur
tout ce qui ressemble à un code, à une charte,
à un frein; ils grimpent sur vos épaules pour
mieux les dominer ; ils se glissent jusqu'au
cœur pour mieux en sonder la faiblesse, et
une fois maîtres de la place, assurés d'une im-
punité sans bornes, ils se grisent de despotisme

et de lait, ils arborent sur un échalas, ils dressent sur une lame de sabre d'insolents bourrelets devant lesquels femmes et vieillards, serviteurs et amis, doivent s'incliner ou rompre.....

Jusqu'à ce qu'un enfant du peuple, cet éternel Guillaume de tous les Gessler éreinte le despote, et supprime à tout jamais ses fourches et ses potences.

Ne vous semble-t-il pas que cette partie inégale où l'enfant triche, où le faible exploite le fort, est l'éclatante consécration de ce désolant axiome ?

Vanité des vanités, tout n'est que vanité !!!

Et vous, divinités fatales, sourds anévrismes que le poëte couvre de velours et de soie ; décevantes chimères que Jocelyn pare de toutes les clartés de tout l'azur du ciel ; insensibles idoles, froides Galathées, pour qui Pygmalion perd son âme, et dépense son génie ; amours ! brunes ou blondes, où sont les heureux que vous faites, dans quelle Arabie rayonnent vos paradis, sous quelles latitudes fleurissent vos oasis?

J'ai beau chercher, je n'aperçois à l'horizon que la fumée des sacrifices ; je ne vois sous mes pieds que les ossements de vos martyrs ; mes doigts se lassent à nombrer vos blessés ; mes yeux s'usent à analyser les lies de vos cristaux, les poisons de vos coupes....., à déchiffrer un nom sur la chemise sanglante de vos suicidés.....

Prairies mouvantes où l'asphixie se cache sous des tapis de fleurs, buissons de roses que hantent les couleuvres, chaînes d'airain dont chaque extrémité enserre un prisonnier, un esclave, planches vermoulues qui s'effondrent sous le pied qui les pressent, mesquines hypocrisies qu'un sac d'écus met en fuite, qu'un protèt exaspère et démasque ;

Amours de la terre, liens charnels, fruits de malédiction et de mort, vous n'êtes que vanité, vous n'êtes que mensonges !

Oh ! faites-moi grâce de vos *tolle*, de vos *crucifigatur*, nobles sycophantes, orgueilleux pharisiens, qui prêchez tous les dévouements et pratiquez tous les égoïsmes ; les choses que j'écris ne vous regardent point ; l'eunuque transmet le mouchoir, mais il ne le jette pas.....

C'est à vous seules que je m'adresse, âmes d'élite, colombes fourvoyées parmi les vautours. C'est pour vous que j'ose écarter les draperies de nos sépulcres, soulever le masque

de nos lèpres..... Je vous en supplie, ne vous·
éloignez pas de moi, ne me maudissez pas ;
attendez pour me juger que l'heure des défec-
tions ait sonné, que les grandes assises du
malheur soient ouvertes pour vous.

Et alors, pauvres immolées, des hauteurs de
vos croix, des cimes de vos calvaires, comptez
vos morts, cherchez, dans le lit des ruisseaux,
dans les fanges humaines, vos couronnes de
fleurs, vos premiers sourires; penchez-vous sur
l'horrible fosse où sont venues sombrer une à
une toutes vos illusions, toutes vos espérances,
et le doigt sur les plaies de votre âme, vos yeux
dans mes yeux, osez me dire en face: Vous avez
menti, vous avez blasphémé!!! osez me dénon-
cer à Pilate!

FIN.

TABLE

FIN DE LA TABLE.

www.ingramcontent.com/pod-product-compliance
Lightning Source LLC
Chambersburg PA
CBHW071942100426
42737CB00046BA/1856